WEICHENGNIANREN JIANCHA

未成年人检察

2024年第1辑 · 总第33辑

最高人民检察院未成年人检察厅/编

中国检察出版社

图书在版编目（CIP）数据

未成年人检察．2024年．第1辑：总第33辑/最高人民检察院未成年人检察厅编．--北京：中国检察出版社，2024.7．--ISBN 978-7-5102-3113-1

Ⅰ．D669.5

中国国家版本馆CIP数据核字第2024LB1229号

未成年人检察（2024年第1辑）

最高人民检察院未成年人检察厅　编

责任编辑：杜英琴
技术编辑：王英英
美术编辑：徐嘉武

出版发行：中国检察出版社
社　　址：北京市石景山区香山南路109号（100144）
网　　址：中国检察出版社（www.zgjccbs.com）
编辑电话：（010）86423766
发行电话：（010）86423726　86423727　86423728
（010）86423730　86423732
经　　销：新华书店
印　　刷：望都天宇星书刊印刷有限公司
开　　本：710 mm×960 mm　16开
印　　张：13.5
字　　数：173千字
版　　次：2024年7月第一版　　2024年7月第一次印刷
书　　号：ISBN 978-7-5102-3113-1
定　　价：60.00元

《未成年人检察》
编委会

目　录

特　稿

专　论

优秀课题选编

工作研究

业务论坛

指导性案例

规范性文件

特　稿

坚持预防为主　提前干预
努力为未成年人健康成长提供坚强司法保障

宫　鸣*

未成年人是祖国的未来、民族的希望。党的十八大以来，以习近平同志为核心的党中央高度重视未成年人健康成长。习近平总书记强调，“各级党委和政府、社会各界都要重视培育未来、创造未来的工作，关心爱护少年儿童”。[①] 2023 年 9 月，习近平总书记又专门对妇女儿童工作作出重要指示，指出“推进强国建设、民族复兴伟业，妇女是重要力量，儿童是未来生力军”。[②] 检察机关作为法律监督机关和参与未成年人司法保护全过程的政法机关，要坚持以习近平新时代中国特色社会主义思想为指导，深入学习贯彻习近平法治思想和习近平总书记关于预防青少年违法犯罪的重要指示精神，认真贯彻落实第七次全国妇女儿童工作会议、中央政法工作会议、全国检察长会议精神，进一步加强检察机关预防未成年人犯罪工作，推动完善预防未成年人犯罪工作体系，促进未成年人健康成长。

---

* 宫鸣，最高人民检察院副检察长。

① 张烁：《习近平在会见中国少年先锋队第七次全国代表大会代表时寄语全国各族少年儿童强调美好的生活属于你们美丽的中国梦属于你们》，载《人民日报》2015 年 6 月 2 日，第 1 版。

② 《习近平对妇女儿童工作作出重要指示强调带着真心真情付出更大努力为推动妇女儿童事业高质量发展作出新的更大贡献》，载《人民日报》2023 年 9 月 29 日，第 1 版。

一、提高政治站位，进一步增强检察机关预防未成年人犯罪工作的责任感和主动性

近年来，党和国家修订《未成年人保护法》《预防未成年人犯罪法》（以下简称“未成年人‘两法’”），出台《家庭教育促进法》，调整优化国务院妇女儿童工作委员会职责，构建家庭、学校、社会、网络、政府、司法“六大保护”体系，不断完善未成年人保护大格局。检察机关参与未成年人司法保护全过程，实行未成年人“四大检察”业务集中统一办理，承担对涉及未成年人的诉讼活动、未成年人重新犯罪预防等进行法律监督的职责。在2023年7月召开的大检察官研讨班上，最高人民检察院检察长应勇强调，未成年人检察要持续深化，健全综合履职、全面保护工作模式，进一步健全依法惩治和预防未成年人犯罪工作体系，推动建立罪错未成年人分级干预机制，促推“六大保护”协同发力。2023年11月10日，中央政法委组织召开研究青少年违法犯罪预防、惩治工作专题会，强调要进一步提高思想认识、突出工作重点、强化统筹协调，并就加强对失学辍学未成年人等调研摸底、发挥专门学校作用、一体推进惩治与预防工作等作出部署，提出要求。同日，最高检召开党组会，强调要深入学习贯彻习近平总书记对妇女儿童工作的重要指示精神，充分履行各项检察职能，依法惩治侵害妇女儿童权益犯罪，有效预防未成年人犯罪，切实加强对妇女儿童权益的司法保护。2024年1月召开的全国检察长会议指出，要坚持教育、感化、挽救方针，依法办理未成年人犯罪案件，把“保护、教育、管束”落实到位。对于这些部署和要求，检察机关要认真学习领会，抓好贯彻落实。

近年来，检察机关认真贯彻未成年人“两法”，坚持教育、感化、挽救方针和教育为主、惩罚为辅原则，严格规范社会调查、合适成年人到场、附条件不起诉等特别程序，推动完善犯罪记录封存制度，会同相关部门推进未成年人保护社会治理，努力预防和减少

未成年人犯罪。但随着经济社会快速发展，未成年人犯罪呈现出新情况，家庭、学校、社会等方面也暴露出一些深层次问题，未成年人检察工作还存在一些不相适应的地方。

（一）未成年人犯罪形势更加严峻复杂

一是犯罪数量总体上升。2018 年至 2022 年，检察机关受理审查起诉未成年人犯罪 32.7 万人，年均上升 7.7%。[①] 二是低龄未成年人犯罪上升。受理审查起诉不满 16 周岁的未成年人犯罪，从 2018 年的 4600 余人上升至 2022 年的 8700 余人，年均上升 16.7%。[②] 一些不满 16 周岁未成年人实施盗窃等犯罪屡抓屡犯，个别不满 14 周岁未成年人实施故意杀人、故意伤害致人重伤或死亡等恶性案件，引发社会广泛关注。三是犯罪类型更加集中。2022 年检察机关受理审查起诉未成年人犯罪中，盗窃、聚众斗殴、强奸、抢劫、寻衅滋事五类犯罪占比达 67.4%。[③]

（二）未成年人保护法律制度和保护责任落实不够

一是家庭监护缺失问题突出。未成年人脱离家庭后实施犯罪在未成年人犯罪中的占比接近一半，单亲、重组等家庭的未成年子女易遭受侵害。二是校园欺凌易成舆论热点。近年来，检察机关起诉的校园欺凌案件数量明显下降，但引发网络舆情的案事件却时有发生，校园欺凌的恶性程度以及涉案未成年人越来越低的年龄挑战社会容忍的底线。三是网络对未成年人影响巨大。2022 年，检察机关审结

① 参见孙蕊：《每个数据背后都是关爱！这场新闻发布会，聚焦“深化未成年人综合司法保护”》，载最高人民检察院微信公众号，https：//mp. weixin. qq. com/s/hGDQCAwSYssnTjDRA-Ep8kA。

② 参见孙蕊：《每个数据背后都是关爱！这场新闻发布会，聚焦“深化未成年人综合司法保护”》，载最高人民检察院微信公众号，https：//mp. weixin. qq. com/s/hGDQCAwSYssnTjDRA-Ep8kA。

③ 参见《未成年人检察工作白皮书（2022）》，载最高人民检察院官网，https：//www. spp. gov. cn/spp/xwfbh/wsfbt/202306/t20230601_615967. shtml#2。

未成年人涉嫌帮助信息网络犯罪活动罪犯罪人数较 2021 年同比上升 82.4%。[①]

（三）未成年人检察工作还存在一些薄弱环节

一是未成年人特殊保护理念和政策把握不到位。司法办案中全面准确贯彻宽严相济刑事政策和最有利于未成年人原则不够，存在对未成年人犯罪一律从严、一味从宽的片面认识，这些片面认识的思想根源就是没有绷紧“严格依法”这根弦。二是落实“高质效办好每一个案件”要求不够。有的地方未成年人特殊检察制度执行质量不高；有的地方过于关注不捕率、不诉率、附条件不起诉适用率等指标，忽视了分级干预、精准帮教这“后半篇文章”，导致教育挽救效果打了折扣；有的地方将本应不起诉的案件作附条件不起诉处理，甚至突破法律规定违规适用附条件不起诉。三是以检察履职融入其他“五大保护”还不够有力有效。联动相关部门开展未成年人犯罪预防不够，对社会组织、社会工作者参与教育挽救工作推动融合不够，对办案中发现的容易诱发未成年人违法犯罪的网络问题，促请、配合相关部门推进治理不够。四是专业化建设较为薄弱。与面临的更高要求、更重任务相比，未成年人检察工作人员的司法理念、履职能力、职业素养还不适应、跟不上，高层次、专业化人才以及检察业务专家、能手不多；“四大检察”综合履职还停留在“物理融合”层面；东中西部业务发展不平衡；运用数字化手段提升法律监督工作质效还需加强；等等。这些问题都需要认真研究，切实加以解决。

二、立足检察职能，高质效办好每一个涉未成年人案件

应勇检察长在大检察官研讨班上强调，要让“高质效办好每一

① 参见郭荣荣：《聚各方之力，护孩子安全“触网”》，载《检察日报》2023 年 6 月 1 日，第 2 版。

个案件”成为新时代新征程检察履职办案的基本价值追求。未成年人犯罪案件社会关注度高、敏感性强，更要把高质效办好每一个案件作为“压舱石”“生命线”，这也是深化特殊预防的内在要求。

（一）坚持宽严相济

未成年人犯罪类型相对集中，盗窃罪、聚众斗殴罪、强奸罪、抢劫罪、诈骗罪等犯罪占比达2/3。这些犯罪既有常见多发的“小偷小摸”，也有以暴力方式实施的侵犯人身、财产犯罪，不能简单地概括为“轻缓化”或“暴力化”。正因如此，更要深刻领会“全面准确落实宽严相济刑事政策”以及防止“片面注重严”和“片面强调宽”两种倾向。办理未成年人案件，要在坚持宽严相济刑事政策的大前提下，落实教育、感化、挽救方针和教育为主、惩罚为辅原则，辩证考量未成年人犯罪的普遍性与个案的特殊性，充分考虑社会基本伦理和公众普遍感受，努力做到法理情有机统一。坚持严格依法办案，准确把握起诉、附条件不起诉和不起诉条件，做到于法有据、宽严适当。对于情节较轻、社会危害性较小的犯罪，或者较轻犯罪的初犯、偶犯，依法从宽，宽缓到位；对于故意杀人、故意伤害致人重伤、强奸等暴力犯罪以及未成年人涉黑涉恶团伙犯罪，依法当严也要严，决不纵容。对于同一种犯罪，什么情形需要从宽、什么情形需要从严，要把个案情况吃透，深入研究涉案未成年人成长环境、犯罪心理、认罪悔罪情况，将党和国家对未成年人犯罪的惩教方针和原则精准运用到个案办理实践中，既不过分强调“宽”，也不片面要求“严”，做到总体宽缓、宽严相济、因人施策，实现最大程度的教育挽救。

（二）加强精准帮教

未成年人身心还不成熟，可塑性较强，当前检察帮教工作虽取得了一定成效，但还存在不适应、责任履行不到位的问题。对此，一要坚持全员帮教。不论案件类别、性质、后果以及犯罪嫌疑人认罪悔罪态度等，都要开展帮教挽救，不抛弃不放弃每一名涉罪未成年人。二要坚持全程帮教。把帮教工作贯穿检察办案全过程，作出不捕、不诉决定后，针对未成年人认知和行为偏差开展针对性法治教育，督促监护人履行监护责任；对决定附条件不起诉的，考验期内全面进行考察帮教；作出不起诉决定后，适时开展回访帮教，协同相关部门解决“普通学校回不去”“专门学校进不来”的问题，防止涉罪未成年人游离于社会之外；对法院判决、执行刑罚的，依法监督、配合刑罚执行机关开展帮教工作。有条件的地方，检察机关可以与公安机关、法院、司法行政机关委托同一社会组织开展帮教工作，确保帮教工作的连续性、稳定性。三要坚持精准帮教。邀请专业司法社工参与，结合未成年人的成长环境、性格特点、悔罪态度，紧紧围绕心理创伤、行为偏差、认知偏差、不良情绪管理、不良关系管理等致罪原因开展精准帮教，对帮教效果进行整体评估，并将帮教效果与法律处遇直接关联，切实提高帮教质效。

（三）注重双向保护

对于双方都是未成年人的案件，既要注重维护涉罪未成年人权益，也要注重维护未成年被害人权益，维护好社会秩序和公共利益，确保办案“三个效果”有机统一。一是坚持平等保护，不能因为未成年被害人不发声，就忽视对其权益的保护；同时，也不能为了满足未成年被害人及其法定代理人的非合理诉求，对涉罪未成年人作出不符合司法规律和特殊政策要求的处理，努力实现双向保护的平衡与协调。二是用好“一站式”询问救助办案机制，一次性完成证据收集、身体检查等工作，及时开展心理疏导，既避免反复询问取证对未成年被害人造成“次生伤害”，也防止引发“恶逆变”。三是积极践行新时代“枫桥经验”，坚持把矛盾化解贯穿办案始终，不断提升矛盾纠纷预防化解法治化水平，促进涉案未成年人更好回归社会。

（四）深化综合履职

应勇检察长多次强调，未成年人检察要健全综合履职、全面保护的工作模式。实践中，一些未成年人走向违法犯罪，往往与民事、行政权益受损以及社会治理跟不上有很大关系。开展未成年人“四大检察”综合履职，既是全面保护未成年人合法权益的实现路径，也是预防未成年人违法犯罪的重要抓手。例如，检察机关在刑事办案中发现未成年人文身问题，通过检察建议、公益诉讼、专项报告等方式，促推国家层面出台治理办法，明确规定任何企业、组织和个人不得向未成年人提供文身服务，实现了从源头解决此类问题。在办理涉及未成年人的刑事、民事、行政、公益诉讼案件时，要注重多向收集和集中管理涉案线索，加强线索分析研判，做好证据转化使用，找出未成年人违法犯罪的诱因，综合运用各项检察职能，推动解决未成年人犯罪背后的共性问题，以“四大检察”的“化学反应”推动未成年人犯罪预防工作迭代升级。

三、坚持抓早抓小，完善预防未成年人犯罪工作机制

司法办案中发现，未成年人的罪错行为通常是由轻及重、逐渐恶化的，一旦错失最佳矫治教育时机或者干预措施不当，其可能实施更为严重的犯罪行为。当前，对未成年人严重不良行为或违法行为的有效教育惩戒措施不足、手段不多，专门学校建设供需矛盾突出，辍学未成年人失管失教问题多发，检察机关与学校法治教育衔接不够等，需要多方携手，从制度机制层面解决这些问题。

（一）建立罪错未成年人分级干预机制

修订后的《预防未成年人犯罪法》规定，要坚持预防为主、提前干预，对未成年人的不良行为和严重不良行为及时进行分级预防、

干预和矫治。最高检《2023—2027 年检察改革工作规划》提出，要建立罪错未成年人分级干预工作机制。要根据未成年人罪错行为的严重程度、身心发育程度、心理偏常状况、日常表现和生活环境等情况，依法采取分级分类的干预措施，开展有针对性的预防、教育和矫治。要坚持最有利于未成年人原则，灵活运用家庭教育指导、赔礼道歉、司法训诫、接受专门教育等多种方式，对罪错行为进行科学化、专业化和针对性、相称性、综合性干预，确保矫治教育效果。最高检将会同公安部等研究制定未成年人罪错行为分级干预实施办法，探索建立轻重不同、各有侧重、梯级衔接的干预机制。各地检察机关要结合未成年人罪错程度、个体差异、诉讼阶段，单独或会同相关部门选择适用最有针对性的矫治教育措施，争取最佳教育挽救效果。

（二）促推专门学校建设

2022 年以来，各省级检察院主动与教育行政等部门沟通协调，争取党委政府重视支持，推动专门学校建设取得明显进展。但当前，专门学校建设还存在分布不均、作用发挥不够等问题。要加强与教育行政等相关部门的协作配合，积极推动专门学校建设。已经建立专门学校的，要通过加强检校衔接、检校共建等形式，推动专门矫治教育与刑事办案配套衔接，确保符合条件的未成年人应送尽送。对因不满法定刑事责任年龄不予刑事处罚的未成年人，督促有条件的专门学校开展专门矫治教育。最高检将配合教育部等部门制定专门学校建设和专门教育实施办法，推动解决强制入学等问题，提升专门教育工作成效。

（三）督促完善控辍保学工作机制

未成年人辍学或“隐形辍学”，是导致其走向违法犯罪的重要诱因。最高检、教育部联合印发了《关于建立涉案未成年人控辍保学协作配合机制的意见》。各地检察机关要加强与教育行政部门沟通协作，在检察办案中发现义务教育阶段适龄未成年人失学辍学，或者虽建有学籍档案但长期不在校学习，处于事实辍学状态的，要立即向教育行政部门通报相关情况，同时逐级上报省级检察院备案，提升未成年人权益保护和犯罪预防实效。

（四）深化法治宣传教育

认真落实习近平总书记“法治教育从娃娃抓起”[①] 的重要指示精神和“谁执法谁普法”普法责任制要求，发挥检察机关案例资源和实践经验丰富的优势，在提高法治宣传教育成效上下功夫。一是改进方式方法，结合发生在未成年人身边的典型案例，灵活运用“法治进校园”“法治进乡村”、检察官担任法治副校长等多种形式，开展以案释法、针对性普法，不仅要讲权利，还要讲义务，讲法律责任与违法代价，引导广大未成年人远离违法犯罪。二是丰富法治教育载体与内容，与教育行政部门、学校沟通配合，结合中小学道德与法治科目，对接不同年级需求，研发系列法治教育教材。三是更加重视发挥法治教育实践基地作用。目前，全国检察机关会同教育行政等部门已建立青少年法治教育基地 2100 余个，最高检会同教育部建立的法治教育基地已于 2023 年 11 月底揭牌。各地检察机关要主动加强与教育、司法行政等部门协同协作，共享法治教育资源，增强法治教育的吸引力、感染力，共同把教育基地建设成为法治资源“集结地”、青少年法治教育“打卡地”。四是大力弘扬社会主义核心价值观，把心理健康教育、安全教育有机融入法治教育，灵活运用青少年喜闻乐见的方式，推动把纸面上的法、案例中的法转变成未成年人心中的法律意识、生活中的法治精神，帮助未成年人扣好人生“第一粒扣子”，让“身心健康、积极向上、知法守法、爱国爱

① 习近平：《加快建设社会主义法治国家》，载《求是》2015 年第 1 期。

党”成为广大青少年的真实写照。

四、强化部门协作，推进未成年人犯罪诉源治理

未成年人犯罪不仅是重要的司法问题，更是突出的社会问题，需要全社会共同应对。应勇检察长强调，要不断做深做实做优未成年人检察，以法律监督撬动“六大保护”融通发力。检察机关要坚持立足检察职能，以办案为切入点和着力点，携手相关职能部门、群团组织、社会力量，共筑预防未成年人犯罪同心圆。

（一）建立完善预防未成年人犯罪工作体系

预防未成年人犯罪既是平安中国建设的重要内容，也是经济社会高质量发展的内在要求。要坚持问题导向，全面梳理本地未成年人犯罪情况特点、发展态势、存在问题，向各级党委、妇女儿童工作委员会汇报，推动建立健全党委领导、政府主导、职能部门分工协作、社会力量广泛参与的预防未成年人犯罪工作体系。有条件的地方，可以学习借鉴云南、安徽等地做法，推动省（市、县）党委建立预防未成年人违法犯罪工作领导小组，研究制定工作方案，部署开展专项行动，完善定期调度与通报、挂牌督导、考核评价等工作机制，构建区域性预防未成年人犯罪工作格局。要积极争取党委政法委重视支持，加强与公安机关、民政、妇联等部门沟通合作，把未成年人犯罪预防工作纳入社区网格化管理，依托网格员加强对辍学、失管未成年人的跟踪分析、动态管理，加强对农村留守儿童、困境儿童等特殊群体的保护救助，及时排查风险隐患，实现分类预防、精准施策。

（二）持续完善未成年人检察社会支持体系

当前，我国司法社工规模尚小、发展不平衡，与预防未成年人犯罪工作的实际需求存在较大差距。检察机关要会同共青团、妇联等

部门积极推动司法社会工作组织建设，培育、壮大社工力量，加强品牌建设，更好满足未成年人检察办案需求。认真落实《未成年人司法社会工作服务规范》国家标准，促进规范司法社会工作组织及司法社工参与司法转介的行为准则、权利义务、工作方式、评价标准，提升司法转介的专业化水平。形成规模效应，加快未成年人检察社会支持体系示范建设成果转化，推广相关经验做法，鼓励引导各地特别是中西部地区开展未成年人检察社会支持体系建设，提升司法办案质效，更好预防未成年人犯罪。

（三）推动完善未成年人网络保护法治体系

据第52次《中国互联网络发展状况统计报告》显示，截至2023年6月，我国未成年网民已突破1.91亿。互联网在拓展未成年人学习、生活空间的同时，也成为影响未成年人身心健康甚至诱发违法犯罪的重要载体。作为我国出台的第一部专门性的未成年人网络保护综合立法，2023年10月发布的《未成年人网络保护条例》已于2024年1月1日起施行。要认真抓好《未成年人网络保护条例》的学习宣传贯彻，联动家庭、学校、新闻媒体及社会力量，通过开展家庭教育指导、讲授网络保护专题法治课、发布网络保护指导性案例及典型案例等多种方式，引导未成年人科学、安全、合理使用网络。要加强与网信等部门沟通协调，配合开展相关专项行动，有效治理网络欺凌、诱导未成年人网络沉迷甚至犯罪等涉未成年人网络违法行为，大力整治危害未成年人身心健康的网络问题。要加强对涉网络犯罪未成年人的教育挽救，准确甄别未成年人在电信网络诈骗等共同犯罪中的层级地位及作用大小，结合认罪态度和悔罪表现，依法从轻、减轻或者免予处罚，为其回归社会预留通道。

（四）探索完善未成年人犯罪预防数字化体系

应勇检察长强调，数字检察战略是法律监督手段的革命。涉未成年人犯罪问题相对集中，预防难度较大，更需要通过数字化手段提升法律监督水平。首先，聚焦构建“业务主导、数据整合、技术支撑、重在应用”的工作机制，探索运用大数据方式、平台和工具，发挥大数据在预防未成年人违法犯罪、保护社会公益、促进社会治理中的重要作用。其次，建好监督模型。在总结各地探索建立的附条件不起诉、犯罪记录封存、宾馆酒店治理、未成年人“笑气”滥用监管等大数据法律监督模型基础上，培育和构建更多实用性更强的监督模型，通过数据筛查、比对、碰撞、分析，输出批量监督线索，促进解决诱发未成年人违法犯罪的社会治理问题。最后，加强与政法各单位及教育、民政等部门的数据共享，推动建立青少年违法犯罪发现、报告机制，配合建设青少年违法犯罪预警系统，提升犯罪预防工作智慧化水平。最高检将组织开展数字未检经验交流，发布典型案例，推动建立“个案办理—类案监督—系统治理”未成年人保护社会治理新路径。

五、加强自身建设，打造忠诚干净担当的未成年人检察队伍

应勇检察长在全国检察长会议上强调，要深化全面从严治检，持续完善一体推进“三不腐”、防治“灯下黑”机制，确保检察队伍纪律严明、作风过硬。办理未成年人案件，办理的是孩子的人生，既需要情怀，也需要专业，要切实把忠诚干净担当融入检察履职办案。

（一）强化政治引领

强化理论武装，在思想上筑牢政治忠诚，更加深刻领悟“两个确立”的决定性意义，不断增强“四个意识”、坚定“四个自信”、做到“两个维护”，努力把学习成果转化为预防和减少未成年人犯罪、推动未成年人检察工作高质量发展的强大动力。要认真贯彻党和国家预防未成年人犯罪部署要求，抓实融为一体的政治与业务建设，落实到每一项未成年人检察工作、每一个未成年人案件办理中，

确保“三个效果”有机统一。

（二）提升专业素能

大力加强专业化建设，引导广大未成年人检察工作人员既熟悉“四大检察”业务，又了解教育学、心理学等知识，成为“一专多能”的复合型人才。最高检将通过举办未检大讲堂、开展公检法司同堂培训、分类建设未检人才库、开展案件质量抽查、完善案件质量评价指标等方式，推出更多更实的专业化建设举措。各省级检察院要加强对下指导，通过开展专题辅导、专家授课、案例研讨等，帮助未成年人检察工作人员补短板、强弱项。针对基层检察机关未成年人检察工作“专人不专”问题，要积极争取重视支持，有条件的地方可以通过设立专门办案组、开展独立评价等方式，夯实基层发展基础。

（三）崇尚担当实干

未成年人检察工作人员是在做教育挽救的工作，是为了预防犯罪和再犯，把罪错未成年人拉回正轨，这项工作可能需要很长时间。未成年人检察工作是“潜绩”，不是“显绩”，是“实打实”的工作，是“良心活”，不能有半点虚假，更需要求真务实，担当实干。要坚持严格依法、实事求是，遵循司法规律，杜绝“数据冲动”，不能为了追求“数字好看”，导致办案变样、评价走形、效果不好。要深刻认识到，评价预防未成年人犯罪工作好坏，不是简单体现在各种案件质量指标高低上，更不是体现在向相关部门发出检察建议、纠正违法通知书的数量上，而是体现在通过司法办案、综合施策，携手相关部门推动当前和今后一个时期未成年人违法犯罪数量逐渐下降上、体现在重新犯罪数量逐渐下降上。未成年人检察工作人员要努力让担当实干在未检业务条线蔚然成风，将实干成果转化为预防未成年人犯罪的实效。

（四）注重廉洁自律

近年来，随着司法责任制“放权”、捕诉一体“集权”、检察官自由裁量“加权”、认罪认罚从宽量刑建议“主导权”等一系列工作机制变革，再加上未成年人检察办案范围逐步拓展，未成年人检察工作人员被围猎的风险也明显加大。要深化思想认识，决不能认为办理的是孩子的案件，就降低标准、放松要求。要时刻绷紧廉洁这根弦，健全完善内部制约监督机制，严守防止干预司法“三个规定”，确保检察权始终依法规范运行。

新时代新征程，加强检察机关预防未成年人犯罪工作责任重大、使命光荣。检察机关要立足法律监督职能，发挥贯穿未成年人司法保护全过程的优势，携手各方加强预防未成年人犯罪工作，用心用情守护未成年人健康成长，为推进检察工作现代化、服务中国式现代化作出新的更大贡献！

专　论

坚持预防为主　提前干预
搭建未成年人犯罪预防“隔离带”

线　杰*

近年来，未成年人犯罪数量呈上升态势，尤其是校园暴力欺凌、故意伤害、寻衅滋事等犯罪易发多发，引发社会广泛关注。检察机关要紧密结合未成年人检察履职办案，以“高质效办好每一个案件”为抓手，加强对涉未成年人案件的调查研究和分析研判，前端推动罪错分级早期干预，后端开展社会隐患综合治理，坚持问题导向，贯彻系统观念，抓实抓好预防未成年人犯罪工作。

一、立足检察职能，依法做好对涉罪未成年人的教育、感化、挽救工作，着力防止再犯

2024 年 1 月召开的全国检察长会议指出，要坚持“教育、感化、挽救”方针，会同有关方面，把“保护、教育、管束”落实到位，对实施杀人等严重犯罪的未成年人，该依法惩处的要依法惩处。

（一）全面辩证理解未成年人刑事检察工作理念

理念是行动的先导。未成年人检察工作必须牢固树立未成年人检察理念，对犯罪未成年人，坚定不移实行“教育、感化、挽救”方针，坚持“教育为主、惩罚为辅”原则；对涉案罪错未成年人，应

* 线杰，最高人民检察院未成年人检察厅厅长、一级高级检察官。

一体贯彻好“保护、教育、管束”未成年人检察办案理念。同时，把握好三个关系：一是统筹把握政策与原则的关系。全面准确落实宽严相济刑事政策，毫不动摇坚持“教育为主、惩罚为辅”原则，一体落实保护、教育、管束措施。前提是依法，本质是落实“高质效办好每一个案件”的要求，关键是精细化办案、精准化帮教、精确化惩戒。二是准确把握案与人的关系。未成年人检察是以未成年人这一特殊主体为对象建立起来的检察业务，其内在规律、职责任务、诉讼程序、评价标准等与成年人司法有着显著区别。应遵循未成年人司法特殊规律，不能直接、僵化地套用普通刑事犯罪的做法，简单适用单纯追诉观点和追诉思维。三是辩证把握依法惩戒与教育挽救的关系。办理未成年人犯罪案件不以定罪量刑为最终目标，而是以案件事实为切入点，探究未成年人犯罪问题产生的原因，采取必要的干预手段，实施有针对性地教育挽救，帮助未成年人重回社会。对于主观恶性深、犯罪手段残忍、行为危害后果严重的未成年人，该依法惩处的要依法惩处。

（二）依法落实未成年人刑事案件特别程序

刑事诉讼法中“未成年人刑事案件诉讼程序”专章是贯彻落实未成年人司法理念以及特殊、优先保护政策的重要制度保障。实践表明，上述特别程序落实好的地方，再犯率就低，反之，再犯问题就比较突出。为此，应进一步做好以下两个方面的工作。

一是进一步提高社会调查报告质量。社会调查报告是办理未成年人案件和开展帮教工作的重要参考，是开展预防未成年人犯罪工作的重要依据。应运用科学、全面、规范的专业调查方式，全面收集涉案未成年人家庭背景、教养方式、成长环境、教育情况、社会交往、个性特征、心理状况、帮教条件等能够全面反映未成年人犯罪原因、回归社会的需求、再犯可能性以及回归社会的有利条件、不利因素等各方面情况，进行综合、深层次、专业的分析判断，发现导致未成年人犯罪的，以及能够实现教育、感化和挽救效果的“犯罪点”“感化点”“矫治点”，切实发挥社会调查在对未成年犯罪嫌疑人作出科学处遇和精准帮教中的参考价值。

二是切实提高附条件不起诉的质量与效果。附条件不起诉是最具未成年人检察特色的办案程序，对于最大限度地教育、挽救涉罪未成年人具有重要意义。附条件不起诉经过前期“应用尽用”的阶段，已经达到一定量的标准，下一步要从“做起来”向“做好做优”转变，充分发挥附条件不起诉的制度功能。一方面，对符合法定条件的，依法适用附条件不起诉，不能因为中性指标而不积极适用；另一方面，对于依法应当相对不起诉的，直接作出不起诉决定，不能以附条件不起诉代替相对不起诉。准确把握附条件不起诉的功能、定位和适用条件，充分认识附条件不起诉的核心不仅在于不起诉，更在于帮教。把重点放在提高所附条件的精准性、跟踪考察帮教以及促进回归社会上来。建立流动涉罪未成年人帮教异地协作机制，联合开展社会调查、心理测评、监督考察、社区矫正监督等工作，确保平等司法保护。法律对附条件不起诉的适用范围有明确规定，对于超出规定范围的犯罪决不能滥用附条件不起诉。近年来，扩大附条件不起诉适用范围或者不限制适用范围的呼吁很多。在立法没有修改之前，即使案件的事实、情节、可能判处的刑罚等都符合附条件不起诉的其他实质要求，但不是涉嫌刑法分则第四章、第五章、第六章规定的犯罪的，不能适用附条件不起诉。要严格落实附条件不起诉备案制度。最高人民检察院印发的《人民检察院办理未成年人刑事案件的规定》专门提出要求，“人民检察院在作出附条件不起诉决定后，应当在十日内将附条件不起诉决定书报上级人民检察院主管部门备案”。下级检察机关要严格落实，及时上报；上级检察机关应及时审查，发现超范围适用的，立即纠正。

（三）不断强化特别程序落实的社会化支撑

《中共中央关于加强新时代检察机关法律监督工作的意见》要

求，“强化未成年人司法保护，完善专业化与社会化相结合的保护体系”。社会调查、合适成年人到场、附条件不起诉、心理疏导与测评、社会观护、被害人救助等未成年人特别程序和特殊制度的落实涉及面广、专业性强，需要加强与有关部门和社会力量的配合协调。检察机关在与公安机关、法院、司法行政等部门衔接配合的同时，要进一步加强与共青团、妇联，以及民政、教育、卫生健康等部门的联系，建立多部门合作及司法借助社会力量的长效机制，实现对涉罪未成年人教育、感化、挽救的无缝衔接。进一步探索适合本地实际情况的经费保障制度，推动通过政府采购、办案经费等方式，为社会组织、社会工作者提供稳定的经费保障支持，确保司法社工参与未成年人检察工作的持续性和稳定性。建立检察机关参与司法社工人才培养机制，将社会调查员、家庭教育指导人员等纳入培训范围，推动提升专业水平。积极争取党委、政府支持，推动未成年人检察（司法）社会服务中心建设，实现资源有效统筹和线索及时转介，促进社会支持资源集约高效、共建共享。

二、前移预防关口，推动建立罪错未成年人分级干预体系，防止罪错升级

近年来，低龄未成年人涉校园暴力事件引发舆论关注和热议。长期以来，对未达刑事责任年龄的低龄未成年人，由于缺乏相应的处遇措施，往往只能“一放了之”，既不利于维护社会秩序，也不利于未成年人犯罪预防，亟须认真研究。

（一）加快推动建立罪错未成年人分级干预机制

未成年人实施犯罪行为之前多有不良行为或严重不良行为，由于没有得到及时有效的干预，逐步发展为犯罪。调研发现，多数实施抢劫犯罪的未成年人都有盗窃、抢劫少量物品等违法劣迹。为有效预防未成年人犯罪，最高检《2023—2027 年检察改革工作规划》把

“建立罪错未成年人分级干预工作机制”作为未来五年检察机关持续推进的一项重大举措。最高检在总结各地探索经验的基础上，拟联合有关单位共同出台关于加强未成年人罪错行为分级干预矫治的意见。

（二）着力推动专门学校建设合理布局、发挥实效

专门教育是我国国民教育体系的组成部分。专门学校是开展专门教育的重要场所。修订后的《预防未成年人犯罪法》强调，充分激活和发挥专门学校在罪错未成年人分级干预中的功能，但如何解决落地问题还需要深入探索、研究。一是先要建起来。场所是基础。这几年，为了满足对罪错未成年人开展分级干预的紧迫需求，各地检察机关在推动专门学校建设中发挥了很强的主观能动性，专门学校建设进展很快。检察机关要继续协调当地政府通过新建、改建等方式推进专门学校建设。新建或者改建专门学校，选址要注意布局合理、资源集中、有效辐射，以发挥最大作用。二是已有的要用起来。对于检察阶段拟作不起诉、附条件不起诉，以及在执法办案中发现有严重不良行为、未达刑事责任年龄涉罪未成年人，确有必要接受专门教育的，主动建议、及时协调所在学校、教育行政部门，将其送到专门学校接受矫治教育。推动在专门学校内按照分校区、分班级等方式设置专门场所，实行闭环管理，对法律规定符合条件的未成年人进行专门矫治教育，一体推进“保护、教育、管束”的办案理念，助推专门学校进一步发挥独特的教育矫治作用。三是机制建设要跟上。各地应积极探索建立检察机关与专门学校的工作衔接机制、效果评价机制，共同研究专门学校入学程序，会同并监督有关部门对专门教育效果适时开展综合评估。最高检正在配合有关部门推动出台专门学校建设和专门教育实施办法，研究解决招生对象、入学程序、效果评估等方面的难题，切实发挥专门学校独特的矫治教育作用。

（三）积极探索大数据赋能未成年人犯罪预防

大数据时代，未成年人犯罪呈现出鲜明的网络化特征。预防未成年人犯罪，要强化数据赋能，加强大数据技术在未成年人犯罪治理中的应用，促进对未成年人罪错行为的精准干预和预防。例如，有的地方检察机关开发大数据平台，打通对接公安执法办案信息、视频监控综合应用、旅馆住宿登记等系统，实时共享未成年人违法犯罪信息、酒店旅馆及未成年人不宜进入场所定位数据，发现未成年人不良行为、严重不良行为线索，利用大数据自动分析罪错行为的次数、罪名、类型，以再犯可能性为评价标准，实行精准智能分级分类预警，并自动匹配阶梯式教育矫治措施。各地检察机关要积极探索，实现罪错行为线索自动收集、自动分类、自动分流处置系统化、集约化，推动预防未成年人犯罪工作提质增效。

三、坚持问题导向，深入开展未成年人犯罪形势分析研判，促进源头治理

未成年人犯罪的发生，往往是家庭、学校、社会等各种不良外界刺激交互作用的结果。涉罪未成年人往往既是社会秩序的破坏者，也是不良环境的受害者。预防未成年人犯罪，必须持续研判未成年人犯罪的发案特点、发展趋势，进行原因分析，堵塞治理漏洞。

（一）加强调查研究，强化分类指导

2023 年 10 月，最高检调研组在甘肃调研时，应勇检察长指出，检察机关既要重视对未成年人合法权益的司法保护，也要重视对未成年人犯罪案件的研究分析和精准预防。2023 年 8 月，最高检未成年人检察厅对未成年人犯罪情况进行了一次全面调研，对未成年人犯罪的基本形势、发展态势、发案原因和预防对策进行了深入分析。有的地方检察机关主动向当地党委政府进行了报告，有的还推动修

改或出台了本地的预防未成年人犯罪条例。各省级检察院要切实担负起本省检察机关预防未成年人犯罪的统筹和领导责任，持续开展对本省（自治区、直辖市）各地区未成年人犯罪的基本情况、发展趋势、案发规律以及地区间在犯罪数量、类型、特征上的差异，各地区、各类犯罪高发频发的关键原因，不同地区涉未成年人犯罪社会治理中的关键因素等的分析，切实做到心中有数，从而有针对性地开展分类指导。建立定期会商研判和工作通报制度，动态掌握各地未成年人犯罪变化趋势，及时调整治理对策，实现精准治理和预防。

（二）坚持高位推动，开展溯源治理

未成年人犯罪背后往往有着家庭、学校监护不力，网络诱导沉迷、社会兜底保障不足等广泛和深刻的社会问题。预防和治理未成年人犯罪需要全社会共同参与。一是争取党委支持。积极推动建立预防未成年人犯罪工作协调机制，有条件的地方要推动在本地党委、政府的领导下，明确预防未成年人犯罪工作目标，建立定期通报、挂牌督导、考核评价等工作机制，构建党委领导、部门协同、社会参与的预防未成年人犯罪工作格局。在各级党委领导下，压实属地、部门、行业责任，通过督导检查、调度通报、工作评估等机制，形成各司其职、齐抓共管的工作局面。二是强化问题意识。立足检察职能，结合办案，推动解决旅馆、宾馆、酒店等住宿经营场所接待未成年人入住不履行询问、报告义务等问题，减少住宿经营场所未成年人犯罪案件发生。通过支持起诉、家庭教育指导等方式，督促教育行政部门、学校、家庭等妥善解决涉案辍学未成年人的教育问题。三是持续监督落实。紧密结合监督办案，前移司法保护关口，促进堵漏建制，将案件办理效果转化为社会治理效能。对有关部门怠于履职，侵害未成年人权益的，依法通过检察建议、公益诉讼等方式开展法律监督。积极探索检察监督与党委政法委执法监督协同

机制，在党委政法委的领导、支持下增强法律监督刚性。

（三）加强法治教育，推动标本兼治

缺少法治意识是未成年人犯罪的重要原因。法治教育润物无声，须久久为功。调研发现，深耕细作法治教育的县（区、市），与邻近区域相比，未成年人犯罪率更低。一是聚焦法治教育重点。围绕盗窃、抢劫、强奸、寻衅滋事、聚众斗殴、故意伤害、帮助信息网络犯罪活动等涉未成年人重点罪名，外来务工流动人员子女、留守儿童、辍学闲散未成年人、中等职业院校学生等重点群体，通过“法治进校园、进乡村、进社区”活动，常态化开展以案释法工作。二是用好法治教育基地。加强未成年人法治教育实践基地的建设和使用，采取请进来、走出去等形式，发挥基地的法治教育实践作用。依托数字网络、情景模拟等未成年人感兴趣的方式，让参观学习的未成年人沉浸式、体验式感受到违法犯罪的危害和后果。例如，四川省青少年法治宣传教育基地是全国首个由省级检察院推动、在省级检察院设立的基地，自开放以来为未成年人提供了高质效的法治学习教育机会。三是打造法治教育检校合作直通车。陕西省富平县检察院法治教育基地与学校共同设置法治体验课，每周两次专门安排学校师生到法治教育基地学习，促进了检察机关与学校法治教育的有效衔接。四是推动法治教育实职化。持续落实最高检、教育部《检察官担任法治副校长工作规定》。法治副校长不仅要结合学生特点和办理涉未成年人案件开展法治宣传教育，还要参与校园安全建设，协助学校开展未成年人犯罪预防，减少学生违法犯罪。

四、主动融通“六大保护”，督促各司其职，形成预防合力

预防未成年人犯罪是一项复杂的社会系统工程，需要“六大保护”相互融合、协同发力，检察机关应主动融入其他保护。一是积极融入家庭保护。落实《家庭教育促进法》，会同妇联、关心下一代

工作委员会等推动实现涉案未成年人家庭教育指导全覆盖。根据个案不同情况和监护履职中存在的具体问题，有针对性地制发“督促监护令”，联合相关部门、社会力量推动落实。二是主动融入学校保护。辍学失管是未成年人犯罪的重要诱因。控辍保学是预防犯罪的关键一环。最高检会同教育部共同下发了《关于建立涉案未成年人控辍保学协作配合机制的意见》，建立健全涉案未成年人辍学信息共享机制，共同解决隐性辍学等治理难题。三是扎实融入社会保护。会同民政部、共青团中央等部门继续深化社会支持体系建设。深入贯彻落实国家市场监督管理总局、国家标准化管理委员会2023年发布的《未成年人司法社会工作服务规范》国家标准，促进司法社工参与未成年人检察工作专业化、规范化发展。四是有力融入网络保护。突出惩治成年人胁迫、教唆、引诱、欺骗未成年人参与电信网络诈骗、帮助信息网络犯罪活动等违法犯罪活动。对涉嫌网络犯罪的未成年人，采取有针对性的教育、挽救措施。深入落实国务院《未成年人网络保护条例》。与国家网信办、全国“扫黄打非”工作小组等开展合作，促推网络治理。五是全面融入政府保护。深化基层检察官与民政部门、乡（镇）儿童督导员、村（居）儿童主任合作，加强对留守儿童、困境儿童等的关爱救助。

优秀课题选编

未成年人案件支持起诉必要性和规范性研究

天津市河东区人民检察院“未来树”工作室课题组*

未成年人健康成长，不仅事关亿万家庭幸福安宁，更事关国家大局稳定和社会长治久安。2020年新修订的《未成年人保护法》对于未成年人保护有了全面、系统的修订和完善，成为未成年人保护领域较为完善的“基本法”。该法第106条中明确规定，未成年人合法权益受到侵犯，相关组织和个人未代为提起诉讼的，人民检察院可以督促、支持其提起诉讼；涉及公共利益的，人民检察院有权提起公益诉讼。从上述法律规定看，未成年人案件支持起诉有了较为具体的法律根据。在民事诉讼领域，检察机关作为国家法律监督机关，其民事支持起诉职能是我国法律明确赋予的，用以履行保护国家利益和社会公共利益的一项有力武器。检察机关的支持起诉主要是指当国家或者社会公共利益，以及弱势群体民事权利遭受侵害时，由于具有诉权的当事人诉讼能力欠缺或者有其他困难而未提起诉讼的，检察机关可支持其向人民法院提起民事诉讼。近年来，随着社会的快速发展，未成年人遭受民事侵害多发，且呈现类型越发广泛，从常规的家事范围逐渐扩张至人身权利、财产权利等一般民事权利，维权难度日益凸显，检察机关有责任、有能力通过高质效履职，依法保障未成年群体利益，切实维护社会公平正义，守护未成年人苗

* 课题组负责人：张旭，天津市河东区人民检察院第二检察部主任、“未来树”工作室负责人；课题组成员：李团妮，天津市河东区人民检察院第二检察部检察官；魏鑫，天津市河东区人民检察院第二检察部检察官助理；李青悦，天津市河东区人民检察院第二检察部检察官助理。

壮成长。然而，对于未成年人民事案件是否有必要由人民检察院介入，支持起诉是否会影响民事诉讼正常进行，却有着不同的意见。从另一维度来看，检察机关办理涉及未成年人的案件也经历了从未成年人犯罪到侵害未成年人犯罪，再到涉及未成年人民事、行政、公益诉讼等综合保护方面，未成年人案件支持起诉的司法实践仍在积极积累中，有必要深入探析规范化路径，以确保高质效办好每一个案件，更好地实现办案“三个效果”的有机统一。

一、未成年人案件支持起诉的发展现状

未成年人支持起诉案件与成年人支持起诉案件在理论层面上是触类旁通的，但是前者在实践中的案例却不如后者丰富。因此，在讨论未成年人案件支持起诉发展现状时，有必要先对我国支持起诉发展整体历程进行梳理，然后结合未成年人案件特性进行专门分析。通过总结实践中存在的问题，便于提出必要性和规范性完善路径。

（一）民事支持起诉发展历程

我国民事诉讼领域专门立法最早可追溯到 1982 年的试行版本，当时民事支持起诉已被确立为我国民事诉讼法律制度中一项基本原则，至今已有四十余载。1982 年的《民事诉讼法（试行）》中对于民事支持起诉工作就有最初的规定——“机关、团体、企业事业单位对损害国家、集体或者个人民事权益的行为，可以支持受损害的单位或者个人向法院起诉”。但是，由于该原则在民事诉讼法具体规范中缺乏具体的指引，而且缺少相关明确的配套制度作为支撑，致使民事支持起诉制度长期以来成为“沉睡”的条款[①]。直到 2017 年修订《民事诉讼法》时，不仅在第 15 条继续规定支持起诉原则，还

① 冯小光、姜耀飞、朱光美：《检察机关支持起诉的学理基础及制度建构》，载《人民检察》2022 年第 15 期。

在第55条第2款中规定："人民检察院在履行职责中发现破坏生态环境和资源保护、食品药品安全领域侵害众多消费者合法权益等损害社会公共利益的行为，在没有前款规定的机关和组织或者前款规定的机关和组织不提起诉讼的情况下，可以向人民法院提起诉讼。前款规定的机关或者组织提起诉讼的，人民检察院可以支持起诉。"支持起诉制度才有了较大完善，更加明确地提到了检察机关的职能定位。虽然从字面来看，检察机关系支持起诉的"兜底"主体，但是从法理上来看，该项规定使得我国民事诉讼法律制度形成了从笼统的原则规范精确到具体规定的逻辑体系构架。

随着中国特色社会主义法治体系的建立健全，支持起诉制度逐渐显现于多部综合性法律中，对特殊群体的保护力度也日益凸显。如前所述，《未成年人保护法》中规定了检察机关督促、支持相关组织和个人代理未成年人提起民事诉讼。此外，《工会法》第22条第3款、《消费者权益保护法》第37条第1款、《妇女权益保障法》第73条、《残疾人保障法》第59条第2款、《军人地位和权益保障法》第60条等多部法律均规定了民事支持起诉制度。各法律规定的立法理念相通，在适用上可以参照互补。对于进行未成年人案件支持起诉相关研究过程中，可以积极借鉴其他法律的好经验、好做法，系统提升检察机关支持起诉工作的质量、效率和效果。

（二）未成年人支持起诉案件情况

从以往的司法实践中不难发现，涉及未成年人民事案件相较于成年人案件，体量较小，而且多集中于监护等亲权关系。早年间的未成年人案件支持起诉并非由未成年人检察部门一体办理，而是统一由检察机关民事行政检察部门履职，虽然能够保证民事监督专业性，但是办案中缺少对未成年人特殊、优先保护等未成年人司法理念。《未成年人检察工作白皮书（2014—2019）》表明，近年来，全国各级检察机关不断努力推进未成年人全面综合司法保护，部署开展未成年人民事、行政、公益诉讼检察业务统一由未成年人检察部门集中办理试点工作，已取得初步成效。在试点过程中重点加强对未成年人遭遇监护侵害与监护缺失的干预，对于父母或者其他监护人性侵害、遗弃、虐待、暴力伤害未成年人或者怠于履行监护职责严重损害未成年人身心健康的，在依法惩处的同时，建议、支持有关部门、组织或个人向法院起诉撤销监护人资格，并确保未成年人得到妥善监护照料。

2021 年 3 月 1 日最高人民法院《关于适用〈中华人民共和国刑事诉讼法〉的解释》实施后，对于未成年人因犯罪侵害遭受严重精神创伤，侵害行为给被害人家庭造成极大影响的，检察机关探索支持被害人及其法定代理人提起精神损害赔偿诉讼，多地均获得法院判决支持，取得较好的社会效果。同时，大数据赋能未成年人法律监督和保护综合治理的探索也逐步取得明显成效。江苏、浙江等地检察机关研发数字化应用场景，通过大数据智能分析，及时发现未纳入保障的事实无人抚养儿童，以检察建议、支持起诉等方式开展监督，切实保障了困境儿童基本生活和合法权益。

（三）实践中存在的问题

检察机关针对涉未成年人案件开展支持起诉工作已经得到立法支持，实践中也进行了有益探索。但是，通过梳理、调研不难发现，未成年人案件支持起诉在理念、适用、运行、程序规范等不同层面仍然存在一些不容忽视的问题。

1. 理念层面："最有利于未成年人"原则落实不彻底

根据调研，我们发现有的地区并没有将《未成年人保护法》中明确规定的"最有利于未成年人"原则作为是否开展支持起诉工作的核心要求。部分未成年人检察干警工作开展以业务考核为出发点，没有做到主动听取未成年人的意见，或者虽然开展了支持起诉，但是诉求并非为未成年人利益作最大化考量。部分干警开展工作时机械理解法律规定，没有充分考量未成年人民事权益受到侵害对其造成的影响，判断是否进行支持起诉时束手束脚，不敢、不善运用“最有利于未成年人”原则指导工作开展。

2. 适用层面：“二限缩、一空置”的现象亟须改进

一是检察机关诉讼地位的限缩化。从传统民事支持起诉案件来看，检察机关在支持民事诉讼中的地位不明确，既不是原告，也不是第三人。实践中，检察机关往往通过提交支持起诉意见书方式支持起诉，如果原告在法庭上怠于行使诉讼权利而导致败诉，检察机关将无法实现支持起诉的目的①。从检察机关“法律监督者”和“国家监护人”的双重身份来看，有必要对于检察机关支持起诉的诉讼地位进行适当扩张，在法庭上明确相应的诉讼地位。此外，对于部分监护侵害案件支持起诉来讲，有的原告出于家庭维系、经济支持等多方面的因素考虑，在诉讼过程中可能怠于行使自己的权利，甚至对侵害事实的调查取证存在包庇、隐瞒的情况。

二是检察机关支持起诉职权的限缩化。我国民事诉讼法缺乏对支持起诉人权利义务的规定，缺少对支持起诉人参与庭审活动的程序规定，以至于司法实践中支持起诉人应该如何支持诉讼，支持起诉的意见如何定性，法院认定事实和适用法律时应该如何对待支持起诉的意见均无章可循。由此可见，支持起诉的职权规定较窄，仅在形式上有所表现，但是对法庭审理、判决结果较难产生实质性影响。

三是未成年人对检察机关支持起诉申请的空置化。实践中，依申请监督为主要渠道造成案源受限问题突出。突出表现在民事案件涉及法律条文多、程序复杂，实践中未成年人及其监护人囿于自身法律知识不足，不敢、不愿通过法律途径提起民事诉讼的情况较为普遍。

3. 运行层面：检察机关支持起诉方式没有统一标准

司法实践中通过何种方式支持起诉，全国各地的做法不尽相同。

---

① 徐清、徐德高：《检察机关支持起诉面临的困境分析》，载《人民检察》2007 年第 20 期。

有的检察机关参与整个诉讼过程，诉前制作支持起诉书，协同原告收集证据，诉中参与法庭调查、法庭辩论，并发表支持意见。有的检察机关在庭审前对于有必要调查取证的协助收集证据，在庭审中向法庭出示检察机关收集的证据，但不参与法庭辩论。还有的检察机关仅派员出庭宣读支持起诉意见书，或者仅仅提交支持起诉意见书表达书面意见。

4. 程序规范层面：未成年人案件支持起诉缺少规范的机制

以一个简单情况为例，支持起诉意见书应当何时提交法院？实践中就有明显区别：有的在当事人或有关部门提交民事起诉状时一并提交法院，有的在法院受理当事人或有关部门申请并立案后，再向法院提交。类似的问题，诸如支持起诉意见书是否需要送达、告知，庭审中支持起诉检察官席位设置，法院法律文书记载方式等。由于没有统一的规范标准，致使检察机关支持起诉的权威性、规范性受到严重影响，阻碍了高质效办理案件。

二、未成年人案件支持起诉的现实意义

在涉及未成年人民事诉讼活动中，保证未成年人合法诉求得到支持有利于未成年人健康成长。针对未成年人的支持起诉工作不仅有明确的法理基础，有坚定的制度保障，而且符合未成年主体的切实需要，能够切实解决急难愁盼的问题。同时，也是检察机关维护司法公正的具体表现。因此，具有明确的现实意义。

（一）具有明确的法理基础

加强未成年人保护法律体系建设是一项系统工程。新修订的《未成年人保护法》明确规定了“最有利于未成年人”原则，同时健全了针对未成年人的家庭、学校、社会、网络、政府、司法“六大保护”，力图通过全方位的法律规定强化未成年人权益保护，也进一步明确检察机关支持未成年人及其监护人等提起诉讼工作，成为未

成年人案件支持起诉最重要的法理基础。如前所述，《民事诉讼法》中规定的可以被支持起诉的对象为“受损害的单位或者个人”，而《未成年人保护法》中进一步细化规定为“当未成年人合法权益受到侵害时的相关单位或者个人”，使得在实践中更有操作性。同时，支持起诉的主体不再是“机关、社会团体、企业事业单位”的笼统范围，而是明确为检察机关，更加契合检察机关这一国家法律监督机关的宪法定位。检察机关对未成年人案件的支持起诉的规定，通过立法形式加以确认，算得上是对全国检察机关多年来的积极司法实践进行了有力的立法回应，为规范开展奠定了良好基础。

从法律理念看，国家亲权理论和最有利于未成年人（也即“儿童利益最大化”）原则是检察机关开展未成年人案件支持起诉的主要法理依据。一方面，国家亲权理论主要认为，未成年人的兜底、最终监护人是国家。当未成年人缺少监护人以及监护人丧失监护能力或怠于履行法定监护职责，甚至滥用监护权利等特殊情况下，国家应当及时、主动出面，并且实施强制干预、代位监护，以有效保障未成年人的合法权益，防止监护侵害问题扩大。《未成年人保护法》第 105 条规定“人民检察院通过行使检察权，对涉及未成年人的诉讼活动等依法进行监督”。因此，检察机关应当切实履行好国家监护人职责，通过支持起诉、检察建议等多种方式维护未成年人的诉讼权利和实体利益。另一方面，儿童利益最大化原则是儿童权利公约中的一项基本原则，我国系该公约的缔约国之一，在《未成年人保护法》中规定为“最有利于未成年人”原则。该理论主要认为，未成年人系有别于成年人的特殊群体，二者之间具有本质区别，未成年群体具有独立的社会地位，应当受到特殊、优先的保护，在处理涉及未成年人事务时，应当最大限度地保障未成年人的权益。因此，检察机关在推进法律实施和开展法律监督过程中，应当始终坚持最有利于未成年人的原则，以未成年人利益作为优先考虑。尤其是在种类庞杂的民事活动中积极探索、发现有力维护未成年人权益的路径，帮助在诉讼活动中本就处于弱势地位的未成年人提起诉讼，以实现对儿童利益的最大化保护。

（二）契合未成年人主体需要

根据我国《民法典》的规定，不满 8 周岁的未成年人为无民事行为能力人，绝大多数 8 周岁以上的未成年人均为限制民事行为能力人（仅 16 周岁以上且以自己劳动收入为主要生活来源的未成年人才视为完全民事行为能力人），其实施的民事法律行为需要由其法定代理人代理或者经其法定代理人同意或者追认。然而，从实际情况来看，未成年人权益受到侵害却表现在民事法律关系的各个领域。年龄、身心发育尚不健全的未成年人本身维权能力较差，受到不法侵害时更不能作为独立的诉讼主体提起民事诉讼以寻求法律保护，只能寄托于监护人等第三人代为主张诉讼权利。这期间就难免出现监护人等第三人由于诉讼费用过高、法律意识淡漠、隐私问题过度担忧等原因而怠于履行代为提起民事诉讼的权利和义务，甚至不乏有一些成年人存在趁机侵害未成年人合法权益的现象。因此，作为我国民事权利保护中的特殊群体，未成年人需要司法机关给予特殊的保护和关注。

在民事诉讼过程中，原告和被告双方身份应当具有平等性和对抗性。否则，一旦诉讼能力存在差距和不对等，极易造成诉讼中的不充分应对，影响合理诉讼请求的实现。未成年人群体就是其中鲜明的例子。从未成年人自身情况来看，其由于身心发育、知识水平、社会阅历等多方面因素，民事诉讼能力相较于成年人而言处于弱势地位。另外，从未成年人的监护人等代理人角度来看，其往往由于并未实际参与民事活动，而无法真切地代入其中，有效地代为提起诉讼或在诉讼中无法切实保障未成年人诉讼权利，从而使其合理诉权得不到支持。因此，一个强有力的支持民事诉讼的力量来帮助未成年人运用法律武器维护自身权益，就显得尤为重要。从这个角度来讲，检察机关由于具有“国家监护人”和“法律监督者”的双重身份，必然成为支持未成年人起诉的最佳力量。

需要特别指出的是，在早期检察机关未成年人民事检察实践中，往往偏重于“事后监督”，即通过获悉错误的民事诉讼裁判并提出再审检察建议或者提出抗诉来实现。这种模式的突出问题在于救济实现较为靠后，补救性维权手段会造成有些诉讼权利已无法得到实现或者实现成本过高。因此，检察机关在今后的未成年人案件支持起诉履职中，应当着力转变司法理念，变事后监督为事前监督、事中监督，才能更全面有效地维护未成年人的合法民事权益。

三、未成年人案件支持起诉的完善路径

一项司法制度是否能够一直焕发生命力，服务保障人民司法需求和新期待，在于其实施是否科学、规范，未成年人案件支持起诉亦不例外。为此，完善支持起诉工作，可以从畅通渠道、明确方式和完善配套等三方面多角度推进。

（一）畅通案件线索发现渠道

“巧妇难为无米之炊”，为了能更好地开展支持起诉工作，最基本需要保证的就是案件线索。一方面，检察机关要不断拓宽案件线索获悉途径。首先，群众信访是送上门来的监督工作，要高度重视未成年人及其监护人的控告、申诉、举报等信访诉求，用心用情处理涉及未成年人各类信访事项，坚持以人民为中心的理念，把涉及未成年人事项的信访来信当家书，把信访群众当亲人，以“最有利于未成年人”的原则敏锐发现支持起诉线索，做好“依申请履职”工作。其次，要更加注重在涉及未成年人案件的办理中挖掘支持起诉相关线索，发挥未成年人检察集中统一办理制度优势，可以通过“审”“问”“访”工作法等成熟工作举措，同步实现打击与保护、惩戒与教育相结合，不断拓宽线索发现渠道，实现更好地“依职权

履职”。最后，还要主动获悉外部支持起诉线索。例如，行政机关、社会团体、村委会、居委会等组织和热心未成年人保护事业的个人的线索移送，尤其是承担未成年人保护职责的单位和个人往往掌握更多案件线索，应当做好对接、反馈。此外，新闻媒体也是获取线索的重要补充，检察机关还要充分利用电视广播、“两微一端”、短视频平台等渠道，主动进行了解，不放过任何可能存在的监督线索。只有统筹上述线索发现渠道，才能更好地实现“有米下锅”的基本需求。

另一方面，仅仅获悉相关情况未必就能形成可监督的案件线索，还要加强对案件线索的甄别调查。通过多渠道发现线索，得到的信息仍比较繁杂，还需要及时进行梳理，发现有效监督线索。例如，针对主动履职发现的信息可以通过人工检索、大数据归集等方式，对发现的突出、共性等问题，及时进行整理，避免不必要重复，对经筛查发现明显不符合支持起诉条件的及时排除。又如，可以充分发挥法律赋予检察机关的调查核实、引导取证等手段，督促、指导公安机关或者未成年人及其监护人妥善固定、收集相关证据。此外，还要做好对当事人的释法说理工作，努力做到“案结事了人和”。

（二）明确支持起诉主要方式

鉴于各地对于未成年人案件支持起诉工作的运行方式各有不同，不利于形成统一、完备的实践路径。因此，有必要参考成年人支持起诉工作具体举措，并结合未成年人案件特性，谋划未成年人案件支持起诉的主要方式，以确保在法治轨道上稳步推进。

1. 提供法律咨询等帮助

由于未成年人及其监护人法律知识和诉讼能力有限，检察机关可以将涉及的相关法律知识、诉讼流程等进行详细的解释说明，促使未成年人及其监护人了解如何运用法律武器解决诉讼争端，增强其运用司法手段维护未成年人民事权利的能力。针对拟提起诉讼存在过多顾虑，不敢、不愿通过诉讼方式维护权利的，可以有针对性地宣讲法律规定和司法政策，督促、鼓励其提起民事诉讼。此外，检察机关还可以根据未成年当事人具体情况，协调申请法律援助、申请减免诉讼费用、帮助撰写法律文书等方式，提供有益帮助。提供法律咨询是检察机关开展支持起诉的基础，如果未成年人及其监护人在得到法律帮助后具备了平等应诉条件，或者通过委托诉讼代理人已经可以实现诉讼预期目的的，检察机关可以不再主动介入开展其他支持起诉工作，以实现私力救济的最佳状态。

2. 开展调查核实、协助取证

根据“两高”《关于对民事审判活动与行政诉讼实行法律监督的若干意见（试行）》和最高检《人民检察院民事诉讼监督规则》的相关规定，人民检察院可以向当事人或者案外人调查核实有关情况。由于未成年人及其监护人收集证据能力有限，检察机关在支持起诉过程中，可以通过查询、调取、复制相关证据材料，询问当事人或者案外人，咨询专业人员、相关部门或者行业协会等对专门问题的意见，委托鉴定、评估、审计等方式帮助未成年人解决起诉困难问题。同时，也可以指导未成年人收集符合程序规定的证据，以支持其诉求。在开展调查核实过程中，应当重点保证程序合法、措施规范，不得采取限制人身自由和查封、扣押、冻结财产等强制性措施，更不能超越职权肆意查证。

3. 积极参与诉前调解

支持起诉的出发点和落脚点是帮助未成年人合法诉求的有效实现，而不是机械地赢得诉讼结果。习近平总书记曾指出，我国国情决定了我们不能成为“诉讼大国”，要把非诉讼纠纷解决机制挺在前面，从源头上减少诉讼增量。因此，在开展支持起诉工作中，检察机关可以参考刑事检察工作中的成熟经验，在诉前积极寻找并适用替代性纠纷解决方式。例如，在获悉未成年人民事诉讼请求事项，并开展调查核实查明情况后，可以促进当事人在诉前就诉争事项进行充分调解，达成合意。这样既减少给未成年人造成不必要的诉累，又能更快地定分止争，减少程序空转。如果在办案过程中发现可能存在行政机关怠于履职或者侵害未成年人合法权益的，可以通过综合履职、一体履职，向主管部门提出检察意见或者制发《检察建议书》方式进行监督。

4. 向法院提交支持起诉书

当未成年人及其监护人拟向人民法院提起民事诉讼时，检察机关可以结合调查核实和取证情况，向法院提交《支持起诉书》，并移送相关证据材料。鉴于民事支持起诉的法理要求，《支持起诉书》的提交不能早于当事人提起诉讼，既可以在当事人提交民事起诉状时同步提交法院，也可等法院受理案件后再行提交。应当注意的是，《支持起诉书》内容应当规范、具体，除基本情况外，还应当写明检察机关支持起诉的请求内容，以及支持起诉的依据、理由及相关证据等内容。这样才能让法院更直观地了解检察机关的支持起诉意见，以便在法庭庭审阶段对是否有必要邀请检察机关参与庭审发表意见。

5. 出席法庭、参与庭审

从当前民事诉讼案件实际情况来看，检察机关支持起诉并非必须要出席法庭、参与庭审。部分案件争议不大，或者《支持起诉书》已经充分阐明检察机关意见并且对方当事人无异议的，检察机关可以不派员参与后续法庭审理工作。案件确有必要且经法院同意的，检察机关可以派员出席法庭，宣读支持起诉书、出示证据并进行质证，或者提供法律意见等。但检察机关出席法庭参与民事诉讼案件庭审不同于刑事案件，其身份既非公诉人，又不是案件当事人、代理人，只是起到支持未成年原告参与诉讼活动的作用，应当有所限制。此外，出席法庭检察官可以在充分尊重双方当事人的基础上，参与到民事调解中，引导未成年人与对方平等协商解决纠纷。

（三）完善支持起诉配套机制

一方面，要主动提供相应法律援助、心理疏导等服务。针对未成年人及其监护人具体需求，可以协调法律援助机构为其提供法律知识、诉讼程序、诉讼请求等法律帮助，及时解答其提出的各类法律问题，分析研判涉案金额、权利主张等关键问题，有必要时，可作为诉讼代理人代理未成年人民事诉讼案件。对未成年人因合法权益受到侵害而造成心理影响的，可以委托心理机构、专业社工进行心理疏导，经未成年人法定代理人同意，可以进行心理测评，及时进行心理干预，疏导未成年人紧张心理。

另一方面，还要积极开展司法救助。检察机关在开展民事支持起诉过程中，也要深入开展司法救助，体现司法温情温暖。不仅要让未成年人民事权利得到确认，也要让其能够实际解决问题，不能将“判决采纳检察机关意见”作为唯一目标。当发现存在因被告没有赔偿能力，未成年人损失无法获得有效赔偿，甚至出现因案致贫、因案返贫问题时，检察机关未成年人检察部门要及时将司法救助线索移送控告申诉检察部门，全程跟进、贯穿办案全过程，以期有效促进息诉解决和矛盾化解。

未管所巡回检察工作研究

河南省人民检察院、河南省许昌市人民检察院联合课题组

为回应新时代人民群众对未成年人保护的新期待，2021 年未成年人检察业务集中统一办理工作在全国检察机关推开，未管所巡回检察工作开展主体从原来的刑事执行检察部门统一归口到未成年人检察部门。这一变革意味着未管所巡回检察工作将向着更加专业的方向发展，对全面维护未成年犯合法权益，帮助他们正常回归社会具有重要价值和意义。同时也应当看到，尽管未检部门一直在探索推进看守所、未管所等巡回检察工作，但作为一项新业务，未检部门开展这项工作仍面临着不少困难和挑战。本文旨在从未管所巡回检察的价值和原则出发，通过梳理探讨未管所工作重点和存在的问题，试图探寻未检部门规范、有效开展未管所巡回检察的路径和方法。

一、未管所巡回检察的价值

未管所和监狱都是国家的刑罚执行机关，主要区别在于未管所关押的是未成年人。关押主体的不同客观上决定了未管所的主要任务相较一般监狱也有较大区别，其监管活动和对应的刑事执行检察监督活动也应区别于一般的成人监狱和成人司法理念。但从过去实践来看，未管所数量很少，有些省份只有一所未管所，这使得对未管所的检察监督工作难以在整个刑事检察工作中受到“重视”，更难以体现未成年人的特殊司法理念。未成年人检察业务集中统一办理工

作推开后，未管所这一数量较少的未成年犯专门管教场所得以从监狱和看守所这两类成人化且数量更多的监管场所中“脱离出来”，成为专门由未成年人检察部门进行监督的场所。这从某种意义上赋予了未管所巡回检察工作更加独特的价值。这种价值既体现出对未成年特殊群体的特别保护，也体现出检察机关用更加专业化的检察履职服务保障国家法治化建设和社会安全稳定的司法担当。

（一）检察机关贯彻落实党中央关于未成年人保护决策部署、维护社会稳定的政治责任

党和国家历来高度重视未成年人保护工作，党的二十大专门强调要维护儿童合法权益。《中共中央关于加强新时代检察机关法律监督工作的意见》也明确提出，要强化未成年人司法保护。未管所作为对未成年犯进行刑罚执行的重要场所，不仅承担着震慑惩戒的功能，更肩负着对涉罪未成年人进行教育感化挽救的重要职责，在帮助涉罪未成年人顺利回归社会、预防再犯罪方面具有尤为重要作用。开展未管所巡回检察，通过专门、常规、机动、交叉等巡回检察方式，对于规范未管所刑事执行活动、监督未管所注重提升未成年犯教育改造效果、帮助未成年犯正常回归社会具有重要意义。特别是在未成年人犯罪呈上升态势的形势下，开展好这项工作意义更加重大。这是检察机关践行国家总体安全观、强化未成年犯人权保障、维护社会稳定的政治担当。

（二）检察机关监督未管所提升法治化水平、保障国家法律统一正确实施的法治责任

宪法赋予检察机关法律监督的神圣职责，2021 年修订的《未成年人保护法》规定，检察机关对涉未成年人的诉讼活动等依法进行监督。作为国家法律监督机关，在派驻检察的基础上，对未管所执行刑罚和监管活动开展巡回检察，有利于未管所依法依规进行未成

年犯管理活动，从而推动未管所刑罚执行工作规范化、法治化水平。这是检察机关履行宪法法律所赋予的法律监督职责的题中之义，也是检察机关充分发挥检察职能，运用法治力量，保证国家法律统一正确实施、维护涉未刑事执行领域安全稳定的具体法治实践。

（三）检察机关提升未成年人刑事执行检察专业化水平，发挥融合履职优势的检察责任

2021 年最高检部署未成年人检察业务集中统一办理工作，刑事执行检察业务成为未成年人检察工作的重要组成部分。但从实践看，与涉未刑事、民事、公益诉讼等开展得“红红火火”的检察业务相比，涉未刑事执行检察工作溅起的水花还不多。而未管所作为关押未成年犯最为集中、最为专业的重要场所，无疑将是未检部门推动刑事执行检察工作高质效开展的重要抓手。因此，未管所巡回检察工作的规范开展对提升未检部门刑事执行检察工作质效，进而提升未成年人检察综合履职质效具有重要意义，是检察机关探索形成具有未检特色和符合实际需要的刑事执行监督模式，优化未成年人刑事执行检察格局，推动未检工作融合发展的职责所在。同时，检察机关针对巡回检察中发现的问题，通过综合运用刑事、民事、行政、公益诉讼“四大检察”职能，有助于更好提升未管所管理工作，更加全面维护未成年犯合法权益。

二、未管所巡回检察的原则和理念

未管所巡回检察既包含未成年人检察工作内容，也包含刑事执行检察工作内容，但归根结底仍是检察监督工作。因此，未管所巡回检察既要体现未成年人检察工作原则和理念，又要依照刑事执行检察工作有关原则和理念，但最根本的是要遵循检察监督工作原则和理念。

（一）最有利于未成年人原则

未管所巡回检察作为未成年人检察工作的组成部分，应当把最有利于未成年人原则作为“应当始终贯彻、践行的核心理念和原则”[①]，在未管所巡回检察工作开展的各个阶段和环节予以体现。工作具体开展过程中，应全面考量未成年犯多种利益要素，特别是其回归社会后的正常生存发展需要，注重围绕最大限度保护未成年犯合法权益的目标，全面履行监督职责，监督未成年犯管教所积极承担“教育、感化、挽救”职责，把法律法规规定的未成年犯特殊权利保障制度落实到位，尽最大努力帮助他们顺利回归社会。

（二）依法监督原则

宪法赋予检察机关“国家法律监督机关”的职能定位，依照法定职责开展监督是检察法律监督工作的本源起点，是最有效的监督。未管所巡回检察作为检察机关对未管所开展监督的具体方式，要秉持“依法监督”理念，严格依照《刑事诉讼法》《监狱法》《未成年犯管教所管理规定》《人民检察院巡回检察工作规定》《监狱巡回检察工作指引》等有关法律法规规定，聚焦未成年人特殊保护，着眼于生存权检察、受教育权检察、减假暂执行检察等重点检察内容和关键环节，紧扣监督职责开展检察督导，做到坚持督导而不替代，到位而不越位。

（三）双赢多赢共赢理念

法律监督不是零和博弈。检察机关对未管所进行法律监督的目的是通过检察监督履职，推动未成年犯管教所提升管理教育改造未成年犯的工作质量，向社会输送改造合格的守法公民。为实现这一目

---

① 童建明：《最有利于未成年人原则适用的检察路径》，载《中国刑事法杂志》2023年第1期。

的，在开展未管所巡回检察工作中，检察机关需要牢牢守住监督的“门”，时刻敞开共赢的“窗”。要注重加强与未管所的沟通协调、努力构建良性积极的互动关系，凝聚共识、形成工作合力，共同提升未成年犯管教所工作水平。

三、未管所巡回检察工作重点

未管所以未成年犯为监管对象，为体现对未成年人的特别保护，法律法规对未成年犯执行刑罚、教育改造进行了一些特殊规定。一是《刑法》《未成年人保护法》明确规定对未成年犯坚持“教育为主、惩罚为辅”的原则。二是《监狱法》第 75 条规定，对未成年犯执行刑罚应当以教育改造为主。未成年犯的劳动，应当符合未成年人的特点，以学习文化和生产技能为主。三是《未成年犯管教所管理规定》从管理制度、教育改造、生活卫生、考核奖励等方面对未成年犯进行了特殊规定。上述规定反映出我国对未成年人进行刑事处罚的目的是要通过教育挽救促使其改造成为守法公民的重要考量。基于这一目的，开展未管所巡回检察应重点围绕生存权、隐私权、受教育权、劳动保障权、分别羁押等关系未成年人切身利益的内容开展。

（一）对生活管理工作的检察

未成年犯年龄较小，正处于身体快速成长期，其人身自由被剥夺后，饮食、作息、医疗卫生等都需依赖未管所管理。《未成年犯管教所管理规定》第 7 条规定，未成年犯的生活费应高于成年犯。这一规定正是基于有利于未成年犯身体健康成长，保障其基本生存权的特殊考虑。《未成年犯管教所管理规定》第五章进一步全面规定了未成年犯的生活水平、伙食标准、住宿及卫生条件等，为未成年犯正常生活需求提供有力制度保障。但实践中，未管所收押人数往往较多，人员较杂，管理难度较大，加之未管所具有封闭性与密集性的特点，一旦发生严重影响未成年犯生存权的事件，便可能造成不可弥补的后果。所以，检察机关在巡回检察中，要重点对未管所是否依法依规保障了未成年犯生存权，比如，未成年犯的生活标准是否高于同区域的成年犯，是否尊重少数民族的习惯，对于生病者能否在伙食上给予照顾，住宿床铺是否还有通铺，未成年人睡眠时间是否保障每天不少于8小时，是否让未成年犯定期洗澡、理发，并经常换洗衣服、晾晒被褥，有无建立医务室，开展医疗、防病工作等。

（二）对教育改造工作的检察

把未成年犯予以收监执行的主要目的是通过执行刑事处罚的方式，将未成年犯教育改造成为具有一定文化知识和劳动技能的守法公民。保障未成年犯受教育权，对实现这一目的具有重要意义。据调查，大多数在押未成年犯普遍存在未完成义务教育的问题。河南省检察院通过对省辖市某看守所羁押未成年人辍学情况进行统计发现，66.7%的在押未成年犯被羁押前就因种种原因中断了义务教育，未管所需要帮助这些未成年犯完成义务教育学习内容。但实践中，一些未管所矫正手段陈旧，教育改造目标模糊，教育体系结构不合理，教育者素质参差不齐，不能有效保障未成年犯的教育改造效果。甚至还存在个别未管所为追求经济效益，挤压未成年犯受教育时间，简化教育内容的现象。基于上述情况，检察机关对未管所开展巡回检察时要把未成年犯受教育权作为重要内容。比如，重点检察未管所是否贯彻落实“以改造人为宗旨”和“教育、感化、挽救”的方针，是否把教育未成年犯作为第一任务，是否对未成年犯进行思想、文化、职业技术教育，是否配置专兼职教师等。

（三）对隐私权保护工作的检察

未成年犯刑满释放后仍有漫长的人生道路要走，保护好未成年犯“涉罪”相关隐私，对他们出狱后正常融入社会具有重要意义。基于此考虑，《未成年犯管教所管理规定》特别规定了未成年犯隐私权保护，《刑事诉讼法》《关于未成年人犯罪记录封存的实施办法》也规定了未成年人犯罪记录应当封存。未管所巡回检察工作中，应把隐私权检察作为重点工作进行开展。比如，重点检察未管所是否披露有关案件中未成年人的姓名、影像、住所、就读学校等可能识别出其身份的信息，是否未经批准对未成年犯个人信息进行采访、报道、披露，是否严格遵守犯罪记录封存制度等。

（四）对分别、分类关押的检察

为防止未成年犯在关押中与成年犯交叉感染，未管所执行过程中，应将未成年犯与成年犯进行分开分别关押①。《刑事诉讼法》《预防未成年人犯罪法》《监狱法》均规定，对被拘留、逮捕和执行刑罚的未成年人与成年人应当分别关押、分别管理、分别教育。《未成年犯管教所管理规定》规定，年满 18 周岁余刑不满两年的未成年犯继续在管教所内服刑。但实践中，对于已满 18 周岁，剩余刑期超过两年的服刑人员，则存在着未及时换押到成年人监狱的现象②。未管所巡回检察中，可重点检察未成年犯与成年犯是否实行分开关押和管理，是否对已满 18 周岁且余刑超过两年的服刑人员及时换押到成年人监狱，是否对未成年男犯、女犯、少数民族较多的未成年犯分别编队关押和管理，未成年女犯是否由女性人民警察管理等。

（五）对劳动和休息权利保障的检察

劳动改造是监狱有计划地依法强制组织和指导有能力的服刑罪犯从事创造社会财富的活动③。未成年犯通过习艺性生产劳动，学会融入社会的知识和谋生技能，提高整体素质、社会生存能力以及认识

① 王静：《未成年人刑事执行程序研究》，中国政法大学 2010 年硕士学位论文，第 7 页。
② 赵悦：《未成年服刑人员权利保障研究》，海南大学 2016 年硕士学位论文，第 7 页。
③ 郝文体：《论未成年犯再社会化的要义与途径》，载《青少年学刊》2016 年第 6 期。

问题、分析问题、解决问题的能力。《未成年人保护法》《劳动法》《监狱法》《未成年犯管教所管理规定》均规定了未成年犯参加劳动的工种、劳动强度、保护措施、劳动时间、休息时间等，以保障未成年人劳动权和休息权。但是，我国不少未管所存在经费保障短缺的问题，创收压力较大，导致未管所工作重心向生产倾斜，人为加长未成年犯劳动时间和加大劳动强度，冲淡了教育改造未成年犯的初衷。针对上述问题，检察机关在巡回检察中应当重点关注未管所未成年犯安排劳动是否符合未成年人特点，是否以学习文化和生产技能为主，是否存在未满16周岁的未成年犯参加劳动，是否保障未成年犯在法定节日和休息日休息的权利，是否按照有关规定给予报酬并执行国家有关劳动保护的规定等情况。

（六）对减刑、假释、暂予监外执行的检察

对未成年犯适用减刑、假释，有利于激发未成年犯改造的积极性和主动性，早日告别过去，开始新的生活。但实践中未成年犯假释适用率很低，影响减刑、假释权利的实现。[①] 鉴于此，检察机关开展减刑、假释监督，不仅需审查监狱提请减刑、假释的案件是否符合法律规定，程序是否合法，证据是否确实、充分，更要重点监督是否存在符合减刑、假释条件而没有提请的情形，减刑幅度、假释条件是否相较于成年犯适当放宽。同时，因为未成年犯身体较为健康、也很少出现怀孕或者哺乳情形，所以涉及暂予监外执行的未成年犯更少。根据某省未管所未成年犯暂予监外执行的统计数据，2014年至2016年该所未成年犯暂予监外执行人数为2人，约占全部未成年犯775人的0.3%，均为患严重疾病的保外就医情形。因此，暂予监外执行检察的重点，除了要检察是否存在监管不到位、司法腐败、“纸面服刑”等问题，还要根据《暂予监外执行规定》检察未管所在

① 黄延峰：《社会化矫正视角下的未成年人犯罪原因研究》，载《河北法学》2016年第2期。

适用暂予监外执行条件时是否适当放宽。

四、未管所巡回检察过程中存在的问题

未管所巡回检察在规范未管所管理、维护未成年犯合法权益以及提升未检刑事执行检察工作专业化水平方面发挥着重要作用，但同时也应看到，未成年人检察业务集中统一办理工作开展以来，未管所巡回检察工作尚处于探索阶段，工作中还存在不少问题和不足。

（一）人员配备和专业化建设难以满足实际工作需要

一是未检干警数量配备不足。2021 年未成年人检察业务集中统一办理工作在全国推开后，未检部门业务范围从单一的涉未刑事检察扩展为涉未刑事、民事、行政、公益诉讼“四大检察”业务，业务量较之以前大幅增加。与此形成鲜明对比的是，受各地人员编制等客观条件制约，未检部门人员配备尚未跟上“脚步”，特别是基层检察院机关人员力量更为薄弱。据调研，基层检察院普遍没有专设未检部门，不少基层院往往只确定一名员额检察官办理未检案件，人员短缺现象严重。而巡回检察工作往往需要抽调基层一定数量的精干力量，集中时间来开展，在案多人少矛盾压力下更增加了基层检察院办案压力。

二是专业人才力量配备不足。未管所巡回检察工作是一项业务性极强的检察工作，实际工作开展中，一支具备专业素能的巡回检察组对充分发挥巡回检察“利剑”作用至关重要。开展未管所巡回检察需要既了解未成年人检察，又熟悉监狱、看守所检察等刑事执行检察业务，具有一定巡回检察工作经验；同时还需要具备职务犯罪侦查素质，善于发现自侦案件线索。但从调查情况看，未检部门既熟悉未成年人检察业务，又熟悉监狱、看守所执检业务的复合型人才少之又少，亟须加大培养力度，提升巡回检察工作水平。

（二）未管所巡回检察理念理论研究尚有欠缺

一是理念更新不及时。理念是行动的先导。未管所巡回检察工作需要及时转变执法监督理念，用先进理念引领巡回检察开展。司法实践中，有的巡回检察人员尚未树立新型法律监督观，不同程度存在角色定位不准、监督敏感性不强、监督流于形式等问题。有的巡回检察人员办案意识不强，没有坚持“巡回检察就是办案”“在监督中办案，在办案中监督”的理念，仍然把巡回检察等同于一般的业务督察、工作检查，仅满足于完成规定动作，收集证据的意识不强，与“高质效办好每一个案件”的基本价值追求还存在差距。

二是检察理论研究工作不足。尽管开展巡回检察工作经验越来越丰富，工作成效越来越显著，但整体来说，未管所巡回检察工作尚处于探索初期，有关未管所巡回检察的基础理论研究也相对较少，尚未在理论上形成完整的知识体系。巡回检察过程中遇到的一些问题缺乏相应的参考和指导，一定程度上制约了巡回检察工作的开展。

（三）未管所巡回检察方式方法不足

一是借助“外脑”的方式单一。未管所管理教育的对象是未成年犯，未管所的管理、教育、改造等工作也与关押成年犯的监狱存在较大差别，对未管所开展巡回检察不仅需要熟悉未成年人身心特点的检察人员，还需要协调借助法医、司法会计、检察技术人员、司法社工人员或者心理咨询师等具备专门知识人员的力量提升监督的针对性和专业性。例如，对于涉及设施安全、消防安全、食品卫生安全、生产项目安全等专业性很强的检察监督职责，需要协调其他专门主管部门抽调人员进行检察，但由于激励措施不足、检察时间较短等原因，部分专业力量参与积极性不高，往往发现上述领域的问题数量也很少。

二是运用智能化、信息化、大数据赋能等科技手段的能力不足。

目前巡回检察主要还是依靠实地检察、发放调查问卷、查阅台账材料、与在押人员谈话、与未管所监管民警谈话、调阅录像等传统方式开展工作，信息共享、数据碰撞、平台建设等信息化手段少，已经成为制约巡回检察发现深层次问题的主要因素。

三是发现深层次问题的方法欠缺。未管所巡回检察具有集中性、短期性与临时性等特点，往往集中检察的时间较短。从巡回检察的报告看，普遍存在发现事务管理、程序不合规等浅层次问题多，而发现的执法违法问题等深层次问题少，巡回检察监督质效不高，比如，巡回检察中运用侦查思维、发现职务犯罪线索的敏感度不足，习惯于办事模式开展巡回检察工作。同时，未管所巡回检察内容十分广泛，每一项都包含多个方面，短时间内不易深入进行，工作中往往检察监督的手段较少，发现问题的方式单一，难以全面掌握未管所存在的深层次问题。

五、未管所巡回检察的方法和路径

为充分体现未管所巡回检察的价值和原则，未管所巡回检察的方法和路径选择要着重围绕未成年人特殊监管制度及未成年犯权益保护落实，其最终目的是解决未管所派驻检察同质化严重、未检专业化不足、监督实效缺乏的问题，切实维护未管所监管秩序和保障未成年犯权益。

（一）巡前准备阶段的路径和方法

1. 组建专业化的巡回组

未管所巡回检察工作涉及对未管所管理、教育、改造未成年犯工作进行监督的多个方面，巡回检察人员要注重结合未检执检工作特点，抽调具有未检、执检经历的业务骨干、有心理学背景的复合型干警加入，形成“刑检 + 执检 + 未检 + 民行 + 侦查”的复合型检察组。必要时，可邀请专业司法社工、心理咨询师等相关专业人员参与。还可以邀请人大代表、政协委员、人民监督员等社会代表和第三方人士参加，努力提升巡回检察组的专业化程度。

2. 加强问题线索的收集

未管所巡回检察要立足检察办案，注重发现监管场所深层次问题和司法人员相关职务犯罪线索。工作开展中可吸纳具有一定侦查能力的检察人员组成线索摸排小组，丰富线索来源渠道，全方位收集问题线索。一方面，可从分类收集的场所工作材料、工作数据、工作台账中寻找线索；另一方面，可通过检察信箱、检察微信、12309检察平台收集问题线索。同时，还可从以往在押人员控告申诉线索、检察机关制发的纠正违法、检察建议书以及刑罚变更执行案件材料中发现线索。此外，可充分利用大数据平台，对重点人员、重点时段、重点区域进行有针对性的数据分析，以发现监督线索。

3. 主动沟通争取支持

刚性的监督工作更需要采取柔性的工作手段。巡回检察组在进驻前后都要注重做好沟通协调工作，实现双赢多赢共赢。要注重围绕必要的办案场所、办公设备、进所手续等问题进行沟通协调，以期为巡回检察工作开展提供扎实的后勤保障。此外，巡回检察组入所后，要注重会同未管所召开巡回检察动员部署会，主动向未管所通报巡回检察工作安排。

（二）集中开展现场检察阶段的方法和路径

1. 做好重点区域的检察监督

鉴于未管所监管活动的特殊性，要把重点放在禁闭室、劳动监区、医疗室、食堂等重点的监督检察上。对禁闭室，可通过实地查看发现安全设施、警用器材等是否存在自伤自残安全隐患等问题，是否落实对未成年犯的特殊管理制度。对劳动监区，可通过实地查看和谈话等方式，着重发现监区文化建设和软硬件配置是否符合规定，是否保障未成年犯的受教育权，是否履行心理疏导职责，是否存在违法组织未成年犯从事生产劳动等问题。对医疗室，可通过实地查看、谈话、法医审查等方式，着重发现就医不及时、抢救不合理、医疗事故等问题，针对自伤自残等问题进行线索摸排。对在押人员食堂，可着重查看食堂卫生、操作流程，严防发生食源性事故，开展伙食费用审查，是否存在截留专项费用、伙食卫生不符合国家标准等问题。

2. 做好重点环节的审查监督

减刑、假释、暂予监外执行是刑罚变更的重要环节，也是检察监督工作重点。一方面要审查减刑、假释、暂予监外执行案件，通过调阅审查的方式，对计分考核工作小组工作台账进行摸底，着重发现是否存在违反规定办理离所探亲的手续，徇私舞弊违规违法对罪犯计分考核、奖惩和徇私舞弊减刑、假释等问题线索。另一方面要注重通过调阅、接收举报、调查问卷、普遍谈话等方式，发现违禁品和欺凌侵害未成年犯线索。

3. 做好重点人群的了解调查

重点了解减假暂人员、受惩戒人员、受伤和患严重疾病人员、曾经反映过问题人员以及已出监未成年人的个案信息，针对这些信息列出可能存在的问题，需要了解的重点人员，制定巡回检察的具体方案和重点关注对象，针对性地进行调查工作，提高发现问题的效率。针对可查性强的线索，可走访纪检监察机关，与民警、学员、已经释放人员谈话，隐蔽开展摸排并收集固定证据，必要时，可请监管场所所在地的检察机关协助核查。

（三）巡后整改阶段的方法和路径

1. 抓好督促整改

巡回检察后，巡回检察组要围绕发现的问题线索，进行集中分析研判，确保每一个问题线索都事实清楚、有据可查。针对巡回检察发现的问题或线索，经调查核实后，巡回检察组可以根据情况作出不同处理：对于发现的轻微违法情况和工作漏洞、安全隐患的，依法向未管所口头提出纠正意见或建议，并记录在案；对发现的严重违法情况或者存在可能导致执法不公和重大监管漏洞、重大安全隐患、重大事故风险等问题，按照规定以巡回检察组派出机关的名义向未管所制发检察建议书或纠正违法通知书，并指定专人督促纠正。对属于检察机关管辖的司法工作人员相关职务犯罪线索，要依法依规移交处置；不属于检察机关管辖的案件线索，应按照规定移送有关机关处理。

2. 抓好跟踪问效

发出纠正违法通知书 15 日后或者发出检察建议书 2 个月后，未管所仍然未纠正整改、采纳或回复意见的，应当及时向巡回检察组派出机关报告，依法督促纠正。未管所对纠正意见或检察建议提出异议的，按照《人民检察院刑事诉讼规则》等有关规定进行复查，并依法作出处理决定。对移交的司法工作人员涉嫌违纪违法或者职务犯罪线索和提出的社会治理类检察建议，由负责组织实施巡回检察的人民检察院安排专人跟踪办理情况，在巡回检察结束后 3 个月内，进行专项督办，参加人员主要从原巡回检察组抽选。

3. 抓好溯源治理

未成年人检察业务统一办理工作是检察机关发挥检察职能优势、加强未成年人综合司法保护、全面维护未成年人合法权益的一项重要举措。在开展未管所监管执法监督、涉未案件审查的同时，要能动履职，特别关注问题少年背后的家庭、社会等问题，统筹“四大检察”职能，对发现的涉未民事案件线索、行政案件线索及公益诉讼案件线索，及时开展综合履职工作，推动“六大保护”落实。

（四）未管所巡回检察需要注意的几个问题

1. 注重发现未管所存在的普遍性和深层次问题

实践证明，未管所巡回检察工作在保障被监管未成年人合法权益、维护未管所监管秩序稳定方面发挥了较好作用，但不能忽视的是，当前的巡回检察发现深层次问题较少，巡回检察组发现问题能力有待增强。今后的未管所巡回检察在方法和路径选择上，应切实转变监督理念，强化办案思维，注重办案质效，做到敢于监督、善于监督、规范监督，要坚持案件化办理，专注通过浅层次问题深挖深层次问题。数字检察是破解大墙内监督难题的“利器”，特别是要充分发挥大数据在深挖线索中的优势，提升未管所巡回检察的监督质效。

2. 注重突出未管所巡回检察的精准性、规范性

精准是高质效检察履职的前提。未管所巡回检察应精准选择派驻检察解决不了的问题、具有示范引领意义的案件，坚持靶向跟进，实现以“巡”促“治”，推动类案治理、诉源治理。实际工作开展中要注重从“小切口”入手，深挖典型个案“富矿”，在充分利用派驻检察业务数据和未管所业务数据的基础上，注重从个案办理中提炼类案监督规则，通过积极构建数据监督模型，实现从个案办理到类案监督的突破。

3. 注重加强未管所巡回检察人才培养

未检部门要组织多种形式的学习培训，增加未检干警刑事执行检察工作知识储备、提升工作能力，可邀请刑事执行检察部门干警为未检干警授课或组织刑执、未检同堂培训。最高检可常态化部署未管所跨省巡回检察，抽调各省未检骨干轮流跟班参与；省级院可抽调各地未检骨干参与省内看守所、未管所巡回检察工作，达到充分锻炼队伍、积累巡回检察工作经验的目的。同时，检察机关要注重将具有刑事检察工作经历的检察人员充实到未检部门。

工作研究

被性侵未成年人心理干预与困境未成年人社会支持系统的构建

田苗苗　杜　鹏*

未成年人遭受性侵害的案件屡有发生，使得他们的学习、生活受到较大影响。为更好维护未成年人合法权益，可以通过专业的心理治疗，对遭受性侵害未成年人进行疏导。

一、性侵未成年人案件的发案原因及共性问题

（一）性侵未成年人案件的发案原因

侵害未成年人的犯罪主要集中在强奸、猥亵、故意伤害、故意杀人等案件中，而性侵害未成年人案件又占据了绝大部分。同时，由于性侵案件私密性高，有很大一部分性侵案件因被害人及家属不愿报警、与侵害人私了等原因而未能进入司法环节。

1. 未成年人自我保护意识和能力不足

与成年人相比，未成年人心智不成熟、缺乏分辨力、防范意识差。性侵犯罪分子正是利用未成年人上述特点，多选择被害人家属不在场的时机，将未成年人引诱、胁迫至隐蔽场所实施侵害。由于未成年人的警惕性和自我保护能力不足，有的未成年被害人被性侵

---

* 田苗苗，辽宁省人民检察院第九检察部副主任、三级高级检察官，辽宁省检察业务专家；杜鹏，辽宁省大连市人民检察院法律政策研究室副主任、四级高级检察官。

后竟不知道自己被侵害，还以为是在“玩游戏”，致使自己多次被性侵而不被外界察觉；有的未成年被害人在被性侵后出于恐惧、羞耻等心理，不敢告知父母或报警，手足无措，致使自己长期遭受性侵。

2. 监护人履行监护义务不尽责

父母是孩子的第一任老师。通过案件梳理发现，性侵未成年人案件的发生大多与未成年人的监护人不正确履行监护职责有着密切的关系。有的是未成年被害人父母、监护人疏于对未成年人的关心照顾；还有的是监护人忙于生计，将监护职责随意委托给他人。

3. 性保护教育缺位

我国现行教育体系下，学校、家长过分关注孩子的学业成绩，而对性知识的传授和引导则采取回避或者讳莫如深的态度。一方面，大部分学校并没有开设专门的性知识教育课程，另一方面，父母在对孩子的教育中也很少提及性保护方面的知识。这种教育方式在一定程度上导致有的未成年人甚至不知道什么是性侵害，还有的未成年人长期遭受性侵却不知如何进行自我保护。

4. 社会管理不到位

性侵案件的犯罪人员大多为无业人员，以 40 岁以上的中老年男子为主，老年人实施性侵未成年人犯罪问题突出。犯罪者普遍文化程度不高、法律意识淡薄，常常是触犯法律而不自知，尤其猥亵类性侵犯罪。加之近年来网络上色情图片、视频的快速传播，也在一定程度上诱发了性犯罪的发生。

（二）性侵未成年人案件共性问题

1. 案件证据“先天不足”，取证定罪难

性侵未成年人犯罪案件与其他刑事案件相比，由于案发现场往往只有侵害人和被害人两人，容易形成一比一的证据。加之未成年被害人年幼、辨认表达能力有限等原因，此类案件往往案发不及时、未能有效保留物证，致使办案机关无法及时勘验犯罪现场，未能提取到体液、毛发等生物样本，普遍存在客观物证少、直接证据少的问题，容易因被害人言词证据瑕疵、被告人翻供等因素，难以定案或影响罪名认定和量刑。此外，有的家长案发后首先想到的是索要赔偿，与侵害人“讨价还价”，在赔偿达不到预期时，才向公安机关报案，更是耽误了取证时机。

2. 未成年被害人家属配合度不高

未成年人在遭受性侵后，受到伤害的不仅仅是身体，还有心理，会影响他们今后的价值观、人际交往，甚至引发心理疾病。因此，对被性侵的未成年人进行及时的心理疏导或治疗是必要的。但在办案过程中，当检察机关提出对未成年被害人进行心理干预时，大部分监护人出于不愿触碰伤疤、怕外人知晓等原因而拒绝，然而回避并不能解决问题，这种做法反而会使被害人难以摆脱性侵所带来的心理阴影和创伤，甚至影响其一生。

3. 未成年被害人权益保护工作开展不均衡

虽然有的检察院已推动建立了公安机关询问未成年人同步录音录像制度，对未成年被害人开展法律援助、心理疏导等救助工作，但上述工作模式尚未在全地区铺开，有的地区还是空白，有的地区仅限于对个案开展，尚未形成长效机制，这在一定程度上制约了本地区性侵案件未成年被害人权益保护的整体工作水平和发展。

4. 预防性侵普法宣传工作有待加强

辽宁省检察机关虽然也开展了一些预防性侵法治宣传工作，但与预防校园暴力等其他普法宣传工作相比，宣传力度、效果均比较有限。究其原因，一是部分学校认为进行预防性侵教育不合适，可能会引发不良反应，因此不积极配合此类宣讲；二是普法对象仅局限于未成年人，未将未成年人监护人及社会公众纳入法治宣传范畴。

（三）被性侵未成年人面临的困境

1. 心理创伤持久

性侵事件会在被害人心中留下深刻的创伤，导致长期的心理问题，包括但不限于恐惧、焦虑、抑郁、自卑、信任缺失以及创伤后应激障碍。这些心理创伤往往需要长时间的专业治疗才能逐渐缓解。受害者，尤其是儿童，常常错误地将责任归咎于自己，认为是自己的行为或存在引发了侵害，这种自我责备感会影响其自我价值认知和自尊心。

2. 人际关系障碍

性侵经历会损害被害人建立和维护健康人际关系的能力，她们可能难以再信任他人，包括家人和朋友，这可能导致社交孤立和进一步的情感困扰。由于害怕、羞耻或是受到加害者的威胁，许多被害人选择保持沉默，不向任何人透露自己的遭遇，这使得她们无法获得必要的支持和干预。

3. 学业与生活受影响

心理上的负担和情绪波动会影响被害人的专注力和学习能力，导致学习成绩下滑，甚至影响到日常生活。同时，性侵可能对被害人的身体健康造成直接伤害，包括性传播疾病、生殖健康问题、意外怀孕等，需要专业医疗检查和治疗。

4. 社会污名与歧视

尽管社会对性侵的认识正在逐步改善，受害者仍可能面临来自社会的误解、偏见和歧视，这种外部压力会加重她们的心理负担。

性侵案件被害人遭受的伤害具有高度的共性，这些伤害超越了个体案例，成了一个社会性的难题，要求社会各界共同努力，提供全面的支持系统，包括法律保护、心理健康服务、教育和社会环境的改变，以促进受害者的康复并防止类似事件的发生。

二、“被性侵未成年人心理干预”实事化项目的开展情况

（一）项目背景

未成年人尤其是儿童由于低龄、防范意识差等原因，遭受性侵害的案件屡有发生，已成为一个不容忽视的问题。以 2023 年辽宁省检察机关受理的案件为例，全省共办理成年人性侵未成年人犯罪案件占全部侵害未成年人案件的 80% 以上。上述案件呈现出以下特点：一是被害人低龄化特点明显，12 周岁以下儿童占比高达 50%，有多名学龄前儿童，最小的只有 4 周岁；二是熟人作案比例高、作案手段隐蔽，犯罪分子一般会利用邻居、父母熟人等身份接近未成年人，对未成年被害人实施性侵害；三是犯罪持续时间长，由于未成年人年幼、分辨能力差以及行为人作案手段隐蔽等原因，与普通刑事案件相比，性侵未成年人案件案发前往往已持续了较长一段时间，其间未成年人通常会被多次性侵，遭受严重伤害。初次发生性侵的年龄越小，遭受性侵的次数越多，施害者和自己的关系越近，这段经历对受害者来说就越是恐怖（Ⅱ型创伤）。比之偶发的，成年之后遭遇来自陌生人的强暴（Ⅰ型创伤），更难处理。在事发后数年他们仍会明显表现出悲伤、压抑、自尊心下降、缺乏安全感及行为异常等问题，甚至会延续到成年时期。为更好地维护未成年人合法权益，辽宁省检察机关结合辽宁妇女儿童维权暨平安家庭创建活动，提出了开展“被性侵未成年人心理干预”项目，旨在通过专业的心理治疗，对遭受性侵的未成年人进行心理抚慰，帮助他们走出阴影，尽快回归正常生活。

（二）项目启动

该项目自启动以来，全省三级检察机关未检部门高度重视，积极推动“被性侵未成年人心理干预”实事化项目落实。一方面，为保

证对被性侵未成年人心理干预的专业性，确保心理疏导确有成效，检察机关与心理咨询师协会对接，已进行多次磋商，达成合作意向，由心理咨询师协会选派有经验有资质的心理咨询师为被性侵未成年人进行心理测评和疏导，提供专业的心理治疗服务。另一方面，检察机关实现上下联动，建立了被性侵儿童心理干预报备制度。基层院报备后，由市院与心理咨询师协会联系确立合适的心理咨询师，共同跟踪被性侵未成年人心理疏导和干预工作情况。截至目前，全省检察机关已经对近千人次未成年被害人及家属开展了心理干预工作，取得良好效果。如王某某强奸案，未成年被害人刘某将自己被邻居（在逃）长期性侵的经过记载在日记中，多达 20 余次，而且由于长期被性侵导致其怀孕后又流产，三个月后又再次被在网上结识的嫌疑人王某某性侵，心理创伤严重。针对本案情况，检察机关聘请了专业的心理咨询师为刘某及其父母分别进行了多次心理治疗。

（三）项目运行

加强未检专业化、规范化建设是新时代检察工作的必然要求，而专业化规范化离不开社会支持体系的辅助与配合。辽宁检察机关结合近几年的工作实践及调研结果，针对区域内城乡之间司法社工分布不均、社会力量发展差距较大的实际情况，依托与团省（市）委、群团组织综合服务中心共同磋商，创新模式，建立了覆盖全部城区、共享优势资源、凸显本地特色的未成年人检察社会支持体系，实现了全市未检社会支持体系的共享共通，一体推进。例如，大连市院在未成年人司法保护领域一直与共青团大连市委开展长期实践合作，并不断统一工作认识，提升合作效果，其中的大连市社会调查工作被评为“全国未成年人健康成长法治保障制度创新事例”，为共同探索其他相关合作打下良好基础，成为全省检察机关首个在市级院层面与共青团合作，由市级单位支出费用、服务两级检察机关的全市一体的社会支持体系。在办案过程中，对未成年犯罪嫌疑人及被害人、证人的心理疏导、社会调查、附条件不起诉考察帮教、合适成年人到场等其他需要社会支持的未成年人检察工作，通过“中心”转介至有关社会组织实施。2022年以来，共为6个检察院的32名未成年犯罪嫌疑人或被害人开展心理测评和心理疏导81次，为7名未成年犯罪嫌疑人开展附条件不起诉考察帮教12次，为5名未成年被害人家长开展心理疏导和家庭教育指导17次，为3名未成年犯罪嫌疑人开展社会调查3次，为合适成年人服务10次，支付资金11万余元。

三、“被性侵未成年人心理干预”需要的社会支持和存在的问题

“社会支持”概念的提出最早始于心理学。心理学者认为社会支持是个体经历被爱、有价值感和他人所需要的一种信息，是一种社会环境中促进人类发展的力量和因素。从支持手段看，有观点把社会支持界定为情绪支持，如共鸣、情爱、信赖；手段支持，如援助；情报支持，如提供对应的情报；评价支持，如提供关于自我评价的情报。

（一）“被性侵未成年人心理干预”需要的社会支持

1. 家庭支持

父母会以各种方式有形或者无形地影响着子女的人生观、是非观和价值观，进而影响子女的个性和人格的形成。同时，家庭成员的思想状况、家庭经济状况、家庭结构状况等都会对未成年人的身心健康产生一定的影响。因此，家庭应当给予被害人情感支持，让其明白这不是她的过错。

2. 大众传播媒介支持

大众传播媒介能够快速有效地让个体分享资讯和经验，也可向人们及时提供各类社会事件和社会变革的信息，在潜移默化中使人们接受新的生活方式、社会评价、价值标准和行为规范等。大众传播

媒介要给予社会大众正确对待被性侵者、了解性侵行为对被性侵者心理可能造成的影响，以及重视心理健康等正确信息，给予认知支持与评价支持。

3. 政府支持

政府支持的提供者包括政府部门、共青团、妇联等人民团体、学校、基层自治组织，它们通过行使其政治、经济、文化和社会等职能为被性侵未成年人等特殊群体提供最重要、最直接的外部条件，如物质条件、教育条件和资讯条件等。其应重点提供情报支持和部分手段支持。

4. 社会组织和个人支持

在民间组织管理机构依法登记注册，在未成年人保护领域具有一定经验的社会服务机构、公益慈善组织，专业的法律服务机构、心理咨询机构，热心于未成年人保护事业的志愿者、司法社工等都是社会支持的提供者，他们通过提供有偿或无偿服务，针对个体重点提供情绪支持和手段支持。

（二）当前社会支持存在的主要问题

1. 各支持主体关于未成年人保护工作的开展状况不均衡

共青团、检察机关由于设立了针对未成年人开展工作的内设机构，各项工作开展相对深入，其余各类主体贡献的支持相对较少。如该项目中，检察机关在审查逮捕或起诉环节提出对未成年被害人进行心理干预的时机，并非心理干预介入的最佳时间点，因为距案发时间较长，但公安机关无对应部门开展此项工作。

2. 政府职能部门的对接不足

由于职能上的分割以及各部门拥有资源的差异使得政府职能部门实施支持过程中资源分散。在项目运作过程中发现，共青团、妇联都有针对不同群体的心理咨询项目，这些群体目标不同，但存在交叉，且其支持目标亦较为随机，情报支持不足且不能持续。政府职能部门之间对接不足，缺乏沟通协作，难以形成合力。

3. 专业社会组织需培育与支持

项目的发展需要大量的人力、物力支持。帮助被性侵未成年人走出心理阴影是一项需要长期坚持的工作，检察机关有限的办案期限、办案精力注定项目需要转介专业的社会组织。而检察机关就此项目主动与心理咨询师协会对接，虽然针对性强，但因提供心理干预服务人多是免费的，随着项目的全面开展、服务对象数量的增加，这种“免费”服务的模式难以长久持续。

4. 家庭支持方式粗放，需要科学指导

家庭对未成年人的教育引导起着至关重要的作用，但是家长不同程度地存在着重分数、轻成长，不关注未成年人心理健康等问题。项目中九成以上的监护人出于不愿触碰伤疤、怕外人知晓等原因拒绝让孩子接受心理治疗，对这种回避可能使被害人一生都难以摆脱心理阴影和创伤的后果认识不足。

四、关于构建良好社会支持体系的思考与建议

社会支持体系是一定社会网络运用一定的物质和精神手段对社会弱势群体进行无偿帮助的行为的总和。良好的社会支持体系应该是多个社会支持主体充分发挥作用，且互相补充，形成的相对稳定、密切联系的整体。笔者认为，要针对困境未成年人构建良好社会支持体系，应当从以下几个方面进行考虑：

（一）推动地方立法，实行强制家庭教育指导

大量案件表明处于困境的未成年人，大多是家庭监护缺失或监护不到位。对于涉罪未成年人和未成年被害人的监护人，应由相应部门强制其接受一定时间的关于监护义务履行、相关法律程序、亲子关系、情绪疏导等方面内容的亲职教育课程；对于其他未成年人的监护人，则分类举办亲职教育义务讲座，提升监护人履行监护职责

的能力。

（二）整合社会支持主体，提高社会参与的质量和效率

以预防青少年违法犯罪专项组织为依托，厘清成员单位对困境未成年人能够提供的支持和服务，查明依法登记在册的专业社会组织所能提供的项目和帮助，根据涉案困境未成年人教育保护的具体需求，将其直接或通过预防青少年违法犯罪专项组织转介至相关成员单位或社会组织，发挥各社会支持主体的合力。

（三）最大程度地发挥社会组织、个人非正式社会支持的应有作用

政府应通过购买服务或制定社会政策扶持和保护公益性、慈善性社会组织，规范和监督社会组织的行为，鼓励其关心未成年人的成长，积极引导建立和大力扶持志愿为困境未成年人个体提供生活照顾、心理疏导、文体娱乐、就业指导等服务的体制机制健全、运行管理科学、社会公信力和影响力高的社会组织。通过专业、规范的社会组织的工作实现工作的持续性、有效性。

（四）借助大众传媒最大范围地进行支持引导

充分发挥大众传媒获取与传递信息、文化传承和舆论监督作用，加强专门面向未成年人的微信公众号、微博等信息传递渠道的全面建设，建立未成年人网络民意反馈和双向交流的网络平台，并整合利用各种大众传播媒介，形成关注困境未成年人、依法科学履行监护职责的舆论引导合力，在全社会营造接纳、关心困境未成年人的良好氛围。

罪错未成年人分级处遇研究

寇世锋　杜延安　周尚褉*

未成年人是国家的未来和希望，也是社会的重点保护对象。然而，随着社会经济的发展和社会转型的深入，未成年人犯罪问题日益突出，给社会治安和未成年人保护带来了严峻挑战。最高人民检察院《2018—2022 年检察改革工作规划》对建立罪错未成年人分级处遇机制提出明确要求[①]。近年来，一些地方检察机关进行了有益的探索和实践，如江苏省检察院出台《未成年人刑事案件办理工作规程》和《未成年人检察训诫工作指导意见（试行）》，规范了检察训诫的适用范围、参加人员、训诫方式、时间和程序等内容；湖北省黄梅县检察院联合该县青阳街道富华社区创立“未成年人社会观护站”，以罪错未成年人为对象，聘请相关人员和志愿者为辅助力量，主要帮教措施包括心理疏导、社会实践、观摩庭审、就业指导、撰写心得等多种方式。这些探索为我国罪错未成年人分级处遇制度的建立提供了有益的借鉴和启示。

一、罪错未成年人分级处遇制度的概念

罪错未成年人分级处遇制度是指根据罪错未成年人的年龄、性

---

* 寇世锋，甘肃省白银市平川区人民检察院党组书记、检察长；杜延安，甘肃省白银市平川区人民检察院副检察长；周尚褉，甘肃省白银市平川区人民检察院第三检察部检察官助理。

① 姚建龙、丁明洋、毕琳、章春燕、黄煜秦：《未成年人罪错行为保护处分处置制度构建探究——以南浔未检的实践探索为基础》，载《青少年犯罪问题》2021 年第 3 期。

别、心理特点、犯罪原因、犯罪性质、犯罪危害等因素，对其进行不同程度和方式的教育、矫正、惩戒和保护的制度。该制度旨在实现对罪错未成年人的个别化、差别化和多元化处理，促进其健康成长。

（一）罪错行为

罪错行为是指未成年人实施的违反法律规定的行为，包括犯罪行为、不良行为、严重不良行为。犯罪行为是指未成年人实施的应当负刑事责任的行为；不良行为，即《预防未成年人犯罪法》第 28 条规定的行为；严重不良行为，即《预防未成年人犯罪法》第 38 条规定的行为，包括未成年人实施的有刑法规定、因不满法定刑事责任年龄不予刑事处罚的行为和严重危害社会的行为。由此可知，罪错行为具有以下特点①：

1. 年龄特点

罪错行为的主体是未成年人，即未满 18 周岁的人。未成年人处于生理、心理、社会等方面发展的不成熟阶段，对法律规范和社会道德的认识和遵守能力较弱，容易受到不良影响和诱惑，产生偏差或错误的认知和行为。

2. 行为特点

罪错行为的内容多样，涉及《刑法》《治安管理处罚法》《未成年人保护法》《预防未成年人犯罪法》等多部法律。罪错行为的危害性不同，有些是轻微的违反社会秩序或公共道德的行为，如打架斗殴、寻衅滋事、扰乱公共秩序等；有些是严重侵犯他人合法权益或危害国家安全和社会稳定的行为，如故意伤害、抢劫、强奸、贩卖毒品等。

---

① 姚建龙、丁明洋、毕琳、章春燕、黄煜秦：《未成年人罪错行为保护处分处置制度构建探究——以南浔未检的实践探索为基础》，载《青少年犯罪问题》2021 年第 3 期。

3. 动机特点

罪错行为的动机多种多样，有些是出于好奇、冲动、模仿或逞能；有些是受到同伴、网络或社会环境的影响或诱导；有些是由于家庭教育缺失或失误，缺乏正确的价值观和道德观；有些是由于个人心理问题或生活困境而产生不良情绪或逃避现实。

罪错行为的发生和发展对个人和社会都有不利影响。对个人而言，罪错行为可能导致学业中断、就业困难、名誉受损、自尊心受挫等后果，影响个人的正常成长和发展；对社会而言，罪错行为可能造成他人或公共利益的损害，破坏社会秩序和稳定，影响社会文明和进步。因此，预防和惩治罪错行为是维护国家法制和社会公益的重要任务。

（二）分级处遇

分级处遇是指根据罪错未成年人的年龄、性别、性格、心理状态、家庭背景、教育程度、犯罪类型、犯罪动机、犯罪次数等因素，对其进行风险评估和个案分析，确定其矫正教育需要和适用措施，并根据其改造效果进行调整或解除的一种个别化、综合化的处遇方式。我国对罪错未成年人的分级处遇，主要包括刑罚处遇和非刑罚处遇两种类型。刑罚处遇是指对犯罪的未成年人依法适用刑法规定的各种刑罚，如监禁刑、缓刑、罚金刑等；非刑罚处遇是指对不构成犯罪或者不予追究刑事责任的未成年人，依法适用预防未成年人犯罪法规定的各种教育、挽救、保护措施，如责令监护人严加管教、检察训诫、社会观护等。

在刑罚处遇方面，我国体现了从宽原则和教育为主原则，尽量避免或减少对未成年人适用监禁刑，而是充分利用缓刑、社区矫正等非监禁刑措施，帮助未成年人改过自新。同时，我国也规定了不适用死刑、量刑从轻或减轻处罚、适当缩短服刑期限等特殊规定，以保障未成年人的身心健康和正常发展。①

在非刑罚处遇方面，我国通过两种方式对未成年人的轻微罪行作非犯罪化转处：一是基于情节的非犯罪化，即由于具有某些“显著轻微”的情节而排除未成年人行为在刑事上的违法性评价；二是基于不起诉的非犯罪化，即对于符合条件的未成年人，检察机关可以决定不起诉或者附条件不起诉。

二、罪错未成年人分级处遇制度的理论框架

（一）法律依据

罪错未成年人分级处遇制度的法律依据主要包括以下几个方面：

1. 国际公约

我国是《联合国儿童权利公约》的缔约国，该公约规定了儿童在司法程序中享有的基本权利，如最佳利益原则、非歧视原则、听取意见原则、最轻刑罚原则等，并要求各缔约国建立适合儿童的司法体系，尽可能采取替代性措施，避免对儿童进行刑事审判和判处刑罚。此外，《联合国少年司法最低限度标准准则》《联合国预防少年犯罪准则》《联合国保护被剥夺自由少年规则》等也为我国建立罪错未成年人分级处遇制度提供了重要参考。

2. 国内法律

我国《宪法》《刑法》《治安管理处罚法》《未成年人保护法》《预防未成年人犯罪法》等都对罪错未成年人分级处遇制度有相关规定。其中，《刑法》第 17 条规定，在未达刑事责任年龄的罪错未成年人主体层面，即对因不满 16 周岁不予刑事处罚的，我国立法采取的是“责令管教、矫治教育”两种处遇手段。根据《治安管理处罚法》第 12 条规定，在违反治安管理行为的罪错未成年人行为层面，

① 谢扬强：《少年分级处遇机制之系统构建》，载《怀化学院学报》2021 年第 2 期，第 79－84 页。

我国立法采取的是“从轻或者减轻处罚；对不满14周岁的，不予处罚并责令严加管教”的处遇手段。根据《预防未成年人犯罪法》相关规定，在未成年人实施的有刑法规定、因不满法定刑事责任年龄不予刑事处罚的行为和严重危害社会的行为罪错未成年人案件层面，我国立法采取的是“责令监护人严加管教、予以训诫、责令参加社会服务活动、送入教育管教机构或者其他适当处理”等处遇手段。这些法律规定为我国罪错未成年人分级处遇制度提供了基本框架和依据。

（二）基本原则

罪错未成年人分级处遇的基本原则是指在制定和实施罪错未成年人分级处遇制度时，应当遵循的一些基本规范和要求。根据国际公约、国内法律以及司法实践，罪错未成年人分级处遇的基本原则主要包括以下几个方面：

1. 最佳利益原则

最佳利益原则是《联合国儿童权利公约》中明确规定的一项基本原则，要求在所有涉及儿童的行动中，无论是由公共或私人社会福利机构、法院、行政当局或立法机构采取的，都应以儿童的最佳利益为首要考虑。对于罪错未成年人分级处遇制度而言，就是要在确定和执行不同程度和方式的教育、矫正、惩戒和保护措施时，充分考虑罪错未成年人的身心发展、教育需求、社会融入等方面的利益，尽可能保障其基本权利和福祉，促进其健康成长和改造。[①]

2. 教育为主原则

教育为主是我国对待罪错未成年人的一贯司法方针，体现了对罪错未成年人的宽容态度和教化目的。根据《未成年人保护法》第4条规定，处理涉及未成年人事项，应当符合保护与教育相结合的要

① 刘易思：《罪错未成年人处置制度适用研究》，载《法制与社会》2021年第13期。

求。《预防未成年人犯罪法》第15条规定：“国家、社会、学校和家庭应当对未成年人加强社会主义核心价值观教育，开展预防犯罪教育，增强未成年人的法治观念，使未成年人树立遵纪守法和防范违法犯罪的意识，提高自我管控能力。”因此，在实施罪错未成年人分级处遇制度时，应当以教育为主要手段和目标，通过对罪错未成年人进行法治教育、道德教育、心理辅导等方式，引导其认识错误、改正错误、树立正确的价值观和道德观。

3. 差别化原则

根据罪错未成年人的不同情况，采取不同的处遇措施，体现个别化、适度化和多元化的要求。事实上，《预防未成年人犯罪法》第三章对不良行为的干预、第四章对严重不良行为的矫治，也都是从行为本身入手，对照行为的不同程度，提出了不同的矫治措施。因此，在实施罪错未成年人分级处遇制度时，应当综合考虑罪错未成年人的年龄、性别、心理特点、犯罪原因、犯罪性质、社会危害等因素，区别轻重缓急，选择适合其个性和需要的教育、矫正、惩戒和保护措施。

4. 社会化原则

实施罪错未成年人分级处遇制度时，应当充分发挥社会力量的作用，借助社会资源和专业机构，为罪错未成年人提供多样化的服务和帮助，促进其与社会的和谐关系。《预防未成年人犯罪法》第4条规定：“国家机关、人民团体、社会组织、企业事业单位、居民委员会、村民委员会、学校、家庭等各负其责、相互配合，共同做好预防未成年人犯罪工作，及时消除滋生未成年人违法犯罪行为的各种消极因素，为未成年人身心健康发展创造良好的社会环境。”因此，在实施罪错未成年人分级处遇制度时，应当积极引入社会工作者、心理咨询师、法律援助律师等专业人士，为罪错未成年人提供心理疏导、法律援助、就业指导等服务；同时，应当加强与社区、学校、家庭等社会组织的合作，为罪错未成年人提供社区服务、公益活动、亲职教育等机会，增强其社会责任感和归属感①。

（三）目标及功能

罪错未成年人分级处遇的目标和功能是指在制定和实施罪错未成年人分级处遇制度时，应当遵循的一些基本目的和作用。根据国际公约、国内法律以及司法实践，罪错未成年人分级处遇的目标和功能主要包括以下几个方面：

1. 保护未成年人权利

保护未成年人权利是《联合国儿童权利公约》中明确规定的一项基本目标，要求在所有涉及儿童的行动中，无论是由公共或私人社会福利机构、法院、行政当局或立法机构采取的，都应以儿童的最佳利益为首要考虑。对于罪错未成年人分级处遇制度而言，就是要在确定和执行不同程度和方式的教育、矫正、惩戒和保护措施时，充分考虑罪错未成年人的身心发展、教育需求、社会融入等方面的利益，尽可能保障其基本权利和福祉，促进其健康成长和改造。

2. 预防再犯罪

预防再犯罪是罪错未成年人分级处遇制度的一个重要功能，也是区别于成年人犯罪处理制度的一个特点。由于未成年人心理、生理、认知等方面尚不成熟，其犯罪行为往往具有一定的偶然性、可塑性和可纠正性。因此，在实施罪错未成年人分级处遇制度时，应当以教育为主要手段和目标，通过对罪错未成年人进行法治教育、道德教育、心理辅导等方式，引导其认识错误、改正错误、树立正确的价值观和道德观，防止其再次违法犯罪。

3. 促进社会和谐

罪错未成年人分级处遇制度是一个长远目标，也是符合社会主义核心价值观的一个要求。由于未成年人是国家和社会的未来和

① 朱良：《解构与建构：未成年人罪错行为分级制度研究》，载《学习与实践》2022年第4期。

希望，其犯罪行为不仅对自身造成伤害，也对社会造成危害。因此，在实施罪错未成年人分级处遇制度时，应当充分发挥社会力量的作用，借助社会资源和专业机构，为罪错未成年人提供多样化的服务和帮助，促进其与社会的和谐关系。同时，应当加强与受害人、家庭、学校等相关方面的沟通和协调，实现对罪错未成年人行为的恢复性司法，修复其对社会关系造成的损害，增强其社会责任感和归属感。

三、罪错未成年人分级处遇的现状

（一）实施罪错行为初始年龄偏低

多起未成年人实施暴力犯罪的案件中，均有低龄化特征。有的不仅毫无悔改之意，甚至对其所作所为满不在乎，认为无关紧要，这对于正处于人生观、价值观、世界观塑造及转型的未成年人来说是一种具有严重危害性的发展趋势，故应当受到强有力制度的规制，也即采取严厉适宜的惩戒措施来打击上述犯罪。根据我国司法大数据研究院关于未成年人犯罪的统计数据，小学生和初中生在整体未成年人罪错行为中的占比高达 80% 以上，也即实施罪错行为的未成年人已逐渐低龄化。究其原因，一方面是物质生活水平的极大提高，另一方面是互联网的快速发展，尤其是短视频的过度发展对未成年人的成长产生了一定影响，不仅使得其心理过早趋向成熟，还使得其在快速获取的纷繁复杂的信息中迷失，这些都是导致罪错未成年人偏低龄化的重要因素。

（二）罪错行为典型化、恶性化趋势明显

根据最高人民检察院发布的《未成年人检察工作白皮书（2022）》显示，2022 年审查起诉的未成年人犯罪中，盗窃罪、聚众斗殴罪、强奸罪、抢劫罪和寻衅滋事罪排名前五，合计占 67.4%。由此可以

看出，我国未成年人犯罪主要集中于侵害他人人身安全和财产安全的几种犯罪，且均具有严重的社会危害性。这与未成年人身心特点相符合，未成年人存在攀比等心理，但自身无经济来源，加上父母监管不力，最终实施侵财犯罪。与此同时，未成年人在实施犯罪时往往也具有较大的主观恶性，这些犯罪现状提醒我们对于未成年人罪错行为的有效惩戒已经刻不容缓。

（三）再次实施罪错行为比例较高

结合我国目前未成年人实施罪错行为的现状来看，很多未成年人会反复多次实施同一种犯罪甚至多种犯罪，不仅如此，对于其他罪错行为比如不良行为等，其往往也会重复实施，在他们看来，因未达到法律规定的责任年龄，不必承担严重的责任，有的因此更加肆意为之、无所顾忌。究其根本，还是在于针对未成年人罪错行为的相关惩戒措施没有发挥积极的教育矫治作用，在很多情况下，实施了罪错行为的未成年人都被“一放了之”，这也导致了罪错未成年人的再犯率始终较高。要想改变这种现状，必须加快分级处遇制度的完善，探索建立罪错行为与惩戒措施精准匹配的体系。唯有如此，才能从真正意义上实现对于未成年人的有效惩治以及对其合法权益的切实保护。

（四）罪错行为恶性发展可能性大

对于罪错未成年人来说，大多开始时只是实施一些具有轻微社会危害性的不良行为，如吸烟、饮酒等，而实施更具危害性的严重不良行为甚至犯罪的极少，但对于心智尚未成熟、思想尚未成型的未成年人，其在这个年龄阶段极易受到他人鼓动或影响，并可能走上偏离正常生活轨迹的道路。在现实生活中，很多未成年人在实施轻微不良行为时往往不会受到任何惩罚，于是他们更加大胆地去尝试那些更具挑战性的事情，与社会上的不良分子接触并进一步实施更为严重的不良行为，更为糟糕的是，因为对自身的犯罪后果有所预估，因其未满刑事责任年龄而实施犯罪行为，这也使得未成年人一步步走向了犯罪的深渊。由此可以看出，未成年人罪错行为的发生呈现出一种不良发展趋势，也即由于惩戒措施的不匹配及落实不到位，导致未成年人变本加厉地一步步去实施更具有社会危害性的行为，甚至实施犯罪。这也对分级处遇制度的完善提出了迫切的要求，即只有针对罪错行为采取最适宜的惩戒措施，才能从根本上遏制不良趋势的进一步发展，才能真正实现对未成年人的保护。

（五）罪错行为处遇措施实施情况

罪错未成年人的分级处遇措施主要包括内部教育类措施、外部惩戒类措施、刑罚类措施三类。但对于未成年人罪错行为适用何种处遇措施来说，我国现行法律中并没有作出系统化规定。与罪错行为分级情况相同，对于处遇措施的规定也散见于多部法律之中，包括《刑法》《未成年人保护法》《预防未成年人犯罪法》《治安管理处罚法》等。

1. 内部教育类措施

这类措施往往针对罪错行为情节较轻的未成年人，一般责令由其家长或其他监护人严加管教，主要是考虑到该类未成年人行为轻微，危害性较小，通过家庭教育即可实现矫治效果。

2. 外部惩戒类措施

主要包括训诫、行政处罚、专门教育、专门矫治教育四种。其中，训诫适用于违反《治安管理处罚法》，不满 14 周岁或者行为情节轻微，免于治安处罚的未成年人，实施主体是公安机关。行政处罚多适用于 16 周岁至 18 周岁多次违反《治安管理处罚法》的未成年人，主要包括行政拘留、罚款等措施，对于已经达到 14 周岁但未达到 16 周岁的，可以采取行政拘留之外的行政处罚措施，实施主体是公安机关。专门学校适用于年龄在 12 周岁至 17 周岁的有违法或轻微犯罪的未成年人，专门教育适用于情节恶劣或者造成严重后果，以及实施严重危害社会的行为。专门矫治教育适用于不满 16 周岁，因未达刑事责任年龄而不予刑事处罚，且具有接受该种矫治必要的未成年人。

3. 刑罚类措施

（1）监禁刑处遇措施情况

罪错未成年人的监禁刑处遇措施的具体实施情况如图1所示①：

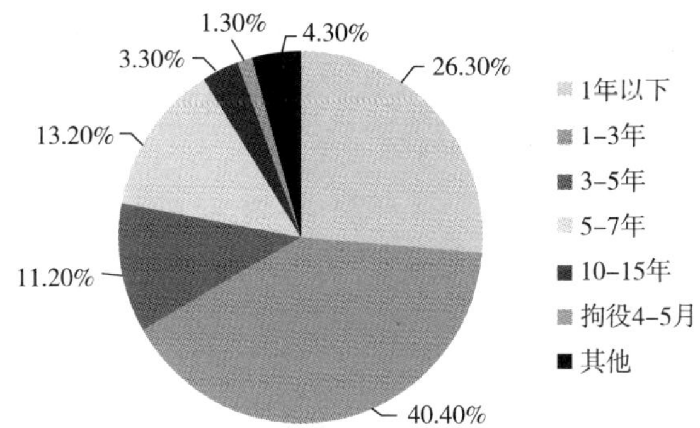

图1　罪错未成年人监禁刑处遇措施占比

有期徒刑是最常见的刑罚处遇措施，占罪错未成年人总数的94.40%。其中，刑期在1年以下的占总人数的26.30%，刑期在1—3年的占总人数的40.40%，刑期在3—5年的占总人数的11.20%。刑期在5—7年的占总人数的13.20%。刑期在10—15年的则很少，占总人数的3.3%。一方面，监禁场所要保证法律的执行和社会的秩序。另一方面，教育改造机构，要注重对未成年人的心理、品行、技能等方面的培养和引导，让他们能够在管教所得到教育矫正和自我完善，为重新回归社会做准备。因此，未成年人管教所要去监狱化，创造一个有利于未成年人成长和改造的环境。

（2）非监禁刑处遇措施情况

罪错未成年人非监禁刑处遇措施是指不剥夺犯罪分子自由的刑罚，主要有管制、缓刑、假释、暂予监外执行等。这些刑罚的执行

① 样本来源于2022年中国裁判文书网上针对未成年人所作出的80份判决书，包括122个犯罪未成年人。

方式主要是社区矫正，即在社区对未成年人进行教育、监督和帮助。另外，还有附加刑，主要是罚金，即依法对未成年人进行经济惩罚。根据样本分析的 122 名罪错未成年人，有 38 名被判处罚金，金额在 500—50000 元之间，其中 1000—5000 元的最多，占 50%，30000 元以上的最少，占 8%，具体分布情况如图 2 所示①。

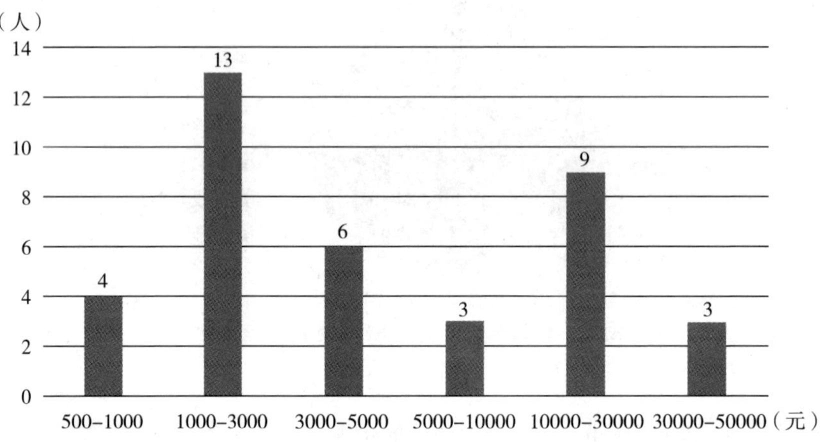

图 2　罪错未成年人罚金处罚实施情况

通过对判决书样本进行分析发现，有数个多次实施罪错行为的未成年人，如张某某盗窃二审案，2019 年张某某（男，时年 17 周岁）因盗窃被公安机关依法口头告诫，附加罚金刑，出所后，张某某仍不思悔改，继续盗窃，被公安机关依法刑事拘留。该案中，张某某在接受罚金处罚后没有得到有效的教育和矫正，反而再次犯罪。罪错处遇应当尽量体现教育性、福利性，必须思考如何才能使未成年人罪错得到有效矫正，而通过罚金刑很难达到这一目的。因此，对于未成年人，应当尽量避免适用罚金刑，因为这种刑罚对他们没有惩戒矫正作用，反而增加了他们的家长或监护人的负担。建议可以

① 样本来源于 2022 年中国裁判文书网上针对未成年人所作出的 80 份判决书，包括 122 个犯罪未成年人。

用其他非刑罚处遇措施替代罚金刑，比如让未成年人参加社会服务活动，如清洁社区卫生、参与养老院或其他志愿机构活动等，让他们在劳动中承担责任，培养其社会责任感。

社区矫正是指让未成年人回到社区，在法律法规和监督管理的规范下，接受教育、完成公益劳动等。例如王某诈骗案，法院判处其有期徒刑10个月、缓刑1年，并且说明王某某回到社区后，应当遵守法律法规，服从监督管理，接受教育，完成公益劳动，做一名有益于社会的公民。但实践中社区矫正往往也难以达到理想的矫正效果，因为当前我国社区矫正还存在一些问题，如社区矫正的执法主体和监督主体不对称，矫正方式缺少可调整性、比较单一，缺少其他社会力量的参与等。

四、罪错未成年人分级处遇存在的问题

（一）分级标准不明确

分级处遇制度的核心是对罪错未成年人进行合理的分类，根据不同类别采取不同的处遇措施。然而，目前我国对罪错未成年人的分级标准缺乏明确的规定，导致在实际操作中存在主观随意性和不统一性。一方面，对罪错未成年人的年龄、犯罪性质、危害程度、悔罪表现等因素如何综合考量，没有明确的权重和方法。另一方面，对罪错未成年人的类别划分也没有统一的标准，有的地方采用轻、中、重三级划分，有的地方采用低、中、高风险三级划分，有的地方还参考了国外的青少年司法评估工具等。这些不同的分级标准可能导致同一罪错未成年人在不同地区或不同机关可能得到不同的处遇结果，影响了分级处遇制度的公平性、有效性。

（二）处遇措施不完善

分级处遇制度的目的是给予罪错未成年人适当的教育、矫正、帮

助，促进其重新融入社会。然而，目前我国对罪错未成年人的处遇措施还不够完善和多样化，不能满足罪错未成年人不同需求和特点。一方面，我国现有法律规定的处遇措施主要是责令监护人严加管教、治安管理处罚、检察训诫、社区矫正等，这些措施在实际执行中也都不同程度存在一些问题，如责令监护人严加管教难以保证效果、治安管理处罚缺乏强制力和有效性、检察训诫缺乏专业性和规范性、社区矫正缺乏资源和支持等。另一方面，我国还缺少一些有效的处遇措施，如恢复性司法、社会观护站、社会服务等，这些措施可以通过开放性的社区环境，尽可能不限制或剥夺罪错未成年人的人身自由，通过社会服务的形式使其为自己的行为负责，培养责任与自由意识，对社会关系造成的损害进行修复。

（三）协作机制不健全

分级处遇制度需要多个部门和机构共同参与和协作，形成一个有效的工作网络。然而，目前我们在这方面还存在一些不足。一方面，各部门和机构之间缺乏明确的职责划分和协调机制，导致在分级处遇的评估、适用、监督、转化、解除等环节中出现重复或缺位的情况。另一方面，各部门和机构之间缺乏有效的信息共享和沟通渠道，导致在分级处遇的实施过程中出现信息不对称或不及时的情况。此外，社会力量在分级处遇制度中的作用还没有得到充分发挥，如专业社工、志愿者、心理咨询师等，可以为罪错未成年人提供更多的专业服务和社会支持，帮助他们解决心理、家庭、学业、就业等方面的问题。

（四）效果评估不到位

分级处遇制度的最终目标是实现对罪错未成年人的教育、感化、挽救，促进其重新融入社会。然而，目前我国对分级处遇制度的效果评估还不够完善和科学，缺乏有效的评价指标和方法，难以准确反映分级处遇制度的实施情况和成效。一方面，对分级处遇制度的效果评估缺乏统一的标准和程序，各地区、各部门、各机构在评估时采用的指标和方法不一致，导致评估结果不可比较和参考。另一方面，对分级处遇制度的效果评估缺乏长期性和持续性，往往只关注短期的表面现象，忽视长期的深层影响，难以真正了解罪错未成年人在分级处遇后的生活状况和再犯风险。此外，对分级处遇制度的效果评估缺乏多元化和参与性，往往只从单一的角度或主体进行评估，忽视了罪错未成年人、家庭、社区、学校等多方面的意见和反馈。

五、完善罪错未成年人分级处遇的建议

根据前述分析，为更好地实现对罪错未成年人的教育、感化、挽救，促进其重新融入社会，提出以下几点完善罪错未成年人分级处遇制度的建议：

（一）明确和统一分级标准

分级标准是分级处遇制度的核心，也是实施分级处遇的前提和依据。目前我国对罪错未成年人的分级标准缺乏明确的规定，导致在实际操作中存在主观随意性和不统一性。建议从以下几个方面明确和统一分级标准：一是制定专门的法律或司法解释，明确规定对罪错未成年人进行分级处遇的适用范围、条件、程序、方法等内容，确保分级处遇制度的法律依据和操作规范。二是借鉴国内外的经验和做法，确定对罪错未成年人进行分级处遇的主要因素和权重，如年龄、犯罪性质、危害程度、悔罪表现、个性特点、家庭背景、社会环境等，建立科学合理的评估体系和工具。三是统一全国各地区和各部门对罪错未成年人的类别划分，将未成年人罪错行为，由轻到重分为不良行为、严重不良行为、治安处罚行为、不予刑事处罚行为及轻型犯罪行为等五个等级。四是加强培训和指导，提高对罪

错未成年人进行分级处遇的专业水平和能力，规范和监督分级处遇的实施过程和结果，及时发现和纠正问题。

（二）完善多样化处遇措施

处遇措施是分级处遇制度的具体内容，也是实现分级处遇制度目标的关键。目前我国对罪错未成年人的处遇措施还不够完善和多样化，不能满足罪错未成年人不同需求和特点。建议从以下几个方面完善处遇措施：一是充分利用现有法律规定的处遇措施，如责令监护人严加管教、治安管理处罚、检察训诫、社区矫正等，加强对这些措施的执行力度和效果评估，解决存在的问题和困难。二是借鉴国内外一些有效的处遇措施，如恢复性司法、社会观护站、社会服务等，根据我国国情进行创新和适用，为罪错未成年人提供更多的教育矫正和社会支持。三是根据罪错未成年人不同风险等级和个性特点，制定个性化和差异化的处遇计划，结合心理疏导、法律援助、亲职教育、就业指导等多方面的服务，帮助罪错未成年人解决心理、家庭、学业、就业等方面的问题。四是建立动态的处遇调整机制，根据罪错未成年人在处遇过程中的表现和变化，及时调整处遇措施和计划，实现处遇的灵活性和适应性。

（三）健全协作机制

协作机制是分级处遇制度的保障，也是实施分级处遇的基础和条件。目前我国在这方面还存在一些不足。建议从以下几个方面健全协作机制：一是明确各部门和机构之间的职责划分和协调机制，建立有效的工作网络，形成分级处遇的评估、适用、监督、转化、解除等环节的工作流程和标准，避免重复或缺位的情况。二是建立有效的信息共享和沟通渠道，建立统一的罪错未成年人信息管理平台，实现各部门和机构之间的信息互通和数据共享，及时掌握罪错未成年人的情况和动态，提高分级处遇的效率和精准度。三是发挥社会力量在分级处遇制度中的作用，如专业社工、志愿者、心理咨询师等，加强培训和指导，明确各自职责和权限，建立合理的激励和保障机制，使他们为罪错未成年人提供更多的专业服务和社会支持。

（四）加强效果评估和反馈

效果评估是分级处遇制度的检验，也是实施分级处遇的反馈和改进。目前我国对分级处遇制度的效果评估还不够完善和科学，缺乏有效的评价指标和方法，难以准确反映分级处遇制度的实施情况和成效。建议从以下几个方面加强效果评估和反馈：一是制定专门的法律或司法解释，明确规定对分级处遇制度的效果评估的目的、内容、方式、周期、主体、程序等内容，确保效果评估的法律依据和操作规范。二是参考国内外的经验和做法，确定对分级处遇制度的效果评估的主要指标和方法，如罪错未成年人的再犯率、社会适应度、心理健康状况、家庭关系、学业成绩、就业情况等，建立科学合理的评估体系和工具。三是建立多元化和参与性的效果评估机制，充分听取罪错未成年人、家庭、社区、学校等多方面的意见和反馈，综合运用问卷调查、访谈访问、案例分析等多种方式，全面客观评估分级处遇制度的效果。四是建立长期性和持续性的效果评估机制，不仅关注短期的表面现象，也关注长期的深层影响，定期对罪错未成年人在分级处遇后的生活状况和再犯风险进行跟踪调查和监测，及时发现和解决问题。

涉罪未成年人在押期间权益保护的检察路径探索与实践

——以 W 市未成年人驻看守所检察官办公室为例

崔　雯　苏超霞　李凤娇*

未成年在押人员在监室内是一个特殊的群体，在管理模式上需要从最有利于未成年人原则出发，更加适应未成年人的身心特点，取得更好的帮教效果。自未成年人检察业务集中统一办理工作开展以来，未成年人检察业务职能涵盖涉罪未成年人司法全过程，如何发挥未成年人检察专业优势，充分保障在押未成年人的合法权益，对于构建“成长型”未成年人司法保护制度，实现未成年人权益最大化具有重要意义。涉案未成年人主要羁押场所包括未成年人看守所和未成年犯管教所。本文结合 W 市未成年人驻看守所检察官办公室工作实际，就如何保护看守所在押期间涉罪未成年人权益提出问题及建议，以供参考。

一、未成年在押人员概况及在押期间主要权益

（一）W 市未成年在押人员概况

W 市看守所自 2013 年至 2024 年 3 月累计羁押未成年在押人员

* 崔雯，山东省潍坊市人民检察院第七检察部二级检察官助理；苏超霞，山东省潍坊市寒亭区人民检察院第三检察部主任；李凤娇，山东省潍坊市寒亭区人民检察院第三检察部检察官助理。

2716人次，新收未成年人人数占当年新收总人数的平均比例为5.68%，其中2018年至2020年均维持在3%左右，2021年后，比例有所上升，2023年以来更是达到了8.71%。截至2024年3月底，监区共有未成年在押人员49人，其中男性47人、女性2人；文盲或半文盲1人、小学1人、初中33人、高中9人。涉案类型总体呈现出罪名集中且多样的特点，强奸、盗窃和抢劫占到总体的69.39%，其中，强奸案占30.61%，盗窃案占24.49%，抢劫案占14.29%。其他罪名中，寻衅滋事、故意伤害、聚众斗殴均占6.12%，诈骗占4.08%，故意杀人占2.04%。

在押未成年人具有如下特点：

1. 生理特征

处于发育高峰期，大多数未成年在押人员对于生理知识一知半解，外部条件不能满足其好奇心，导致从带有色情暴力的书刊、网站或者游戏中接受不正常的生理知识，这也是进一步诱发激情犯罪的重要因素。如在所羁押的15名涉强奸案未成年在押人员中，不同于成年人的强奸情节，有一部分是因为谈男女朋友，和未成年女性发生关系而被追究刑事责任，还有一部分是多人约女网友开房实施强奸以寻求刺激。

2. 心理特征

（1）大多处于叛逆期，性格浮躁，容易冲动，独立意识强，不主动与他人交流真实想法，沉浸在自己的世界中，只看到别人的缺点和过错，看不到自身的不足。（2）情绪不稳定，尤其是在提审、开庭等环节变动、会见律师以及重大节日时有明显情绪波动，受到轻微刺激就会有过激反应。如2023年中秋节前，因在押的小斌想家轻唱“世上只有妈妈好”，而小东因为母亲去世，情绪波动大，就和小斌发生口角。（3）自尊意识强，自律意识缺失。在刚进入监室时缺乏安全感，往往通过大声讲脏话、吹牛，甚至实施其他过激行为进行自我保护，部分未成年在押人员欺软怕硬，通过言语威胁、恐吓比自己弱势的未成年在押人员以满足其心理需求。

3. 行为特征

（1）具有较强模仿性，认知能力差，辨别和自控能力不足，主要是模仿具有刺激性的攻击行为。（2）具有较强纠合性，寻找伙伴，易形成非正式群体。当未成年在押人员之间产生矛盾时，第一时间想到的是利用暴力方式维护自己立场，一言不合，大打出手。如 2020 年 10 月，某未成年监室共羁押 19 名在押人员，存在按照地域拉帮结派、一致对外的倾向性行为，多人次、多频率相互发生肢体冲突，一个月内发生多起打架严重违规事件，在押人员之间关系紧张。（3）具有较强反复性，小动作较多，轻微的违规行为屡教不改。巡控、管教民警多次进行批评教育，口头答应，表态诚恳，随后抛之脑后，依然我行我素，收效甚微。

（二）在押未成年人主要权益

目前，看守所在押的未成年人主要包括：涉嫌犯罪被押、已被判决有罪等候向未成年犯管教所转押、临时羁押等几种情况。根据相关法律法规，在押未成年人享有的权利主要分为诉讼权利、非诉讼权利和特殊权利。

1. 诉讼权利

诉讼权利是依据《刑法》《刑事诉讼法》等法律，未成年犯罪嫌疑人和被告人在刑事诉讼流程中依法享有的诉讼权利，比如辩护、申请回避、聘请律师、申请法律援助等。司法机关会在各个司法流程向未成年在押人员告知相应阶段的诉讼权利，签署《犯罪嫌疑人权利义务告知书》等告知权利义务的法律文书。

2. 非诉讼权利

非诉讼权利一般包括《宪法》规定的我国公民依法享有的基本权利，如人身权利、生命和健康、人格尊严、隐私权、政治权利和政治自由等。如《未成年人保护法》第 4 条规定，保护未成年人，应当坚持最有利于未成年人的原则。

3. 特殊权利

特殊权利则是《刑事诉讼法》《未成年人保护法》等各类法律法规对于未成年群体作出的特别规定，包含但不限于如下特定权利：（1）保留学籍权；（2）分别关押、管理、教育权；（3）法定代理人到场权；（4）不公开报道权；（5）不得歧视权等。

二、在押未成年人权益保护的现实困境

（一）混管混押现象仍然存在，存在“交叉感染”可能性

《刑事诉讼法》第280条第2款规定“对被拘留、逮捕和执行刑罚的未成年人与成年人分别关押、分别管理、分别教育”。但在实践中，受限于现有未成年人监室数量不足、警力配置、同案犯拆分等多种因素，导致未成年人与成年人混押现象仍然存在。关于未成年人异地羁押制度，一方面在押未成年人除严重刑事犯罪外，很多不予批准逮捕，羁押时间短，省级公安监管业务指导部门指定看守所集中关押未成年在押人员，需要一定的时间进行指定。另一方面，异地羁押必然给办案部门、监护人、监管部门带来工作上的烦琐与转运风险，实践中不能得到有效的运用，混管混押现象缺乏便捷的解决路径。如目前W市看守所女性未成年在押人员为2人，且该2人存在矛盾，在同一监室频繁发生争执，只能分别羁押于成年人监室。在押未成年人世界观、人生观尚未完全形成，易受环境影响，与成年人共同羁押可能造成“交叉感染”，不利于对在押未成年人的感化、教育和挽救。

（二）在押未成年人文化水平普遍较低，引入社会专业力量面临困境

监管民警积极运用各种书籍阅读活动、开展标兵评选、监室文明

公约、队列训练、谈话教育等开展对在押未成年人的教育活动，但因在押未成年人年龄介于完成义务教育阶段到高等教育之间，其中在校生占据比例较小，初中文化程度的占在押未成年人中的多数，文化水平普遍较低，接受学校教育和家庭教育不足，本身愿意接受教育的意愿不强，对秩序的遵守能力差，对监管教育能力提出了更高要求。现有的教育手段仍然局限于传统教育方式，亟待积极引入社会专业力量，运用能够触动心灵的教育方式。

根据看守所相关文件的规定，看守所应当充分依靠学校、共青团等社会资源，对未成年在押人员进行法律法规、道德修养、文化知识等方面的教育，并针对未成年在押人员的生理、心理特点，开展生理、心理健康教育。但在实践中，尚存在不少困难，除未成年在押人员接受程度参差不齐外，师资力量的欠缺也是一个很大的制约因素。

（三）会见通信机制有待实际运用并完善

未成年人对父母尚未完全脱离依赖心理，未成年在押人员被采取限制人身自由的强制措施后，往往感到慌乱、焦虑。但在司法程序进行到执行阶段之前，亲属会见是不被允许的，对在押未成年人讯问时监护人在场制度主要是为了见证讯问过程的合法性，并不被允许交流。在押未成年人离开父母面对不可知的未来的压力，如若能够保障亲子会见在安全、可控、不影响案件侦办的情况下进行，对于未成年在押人员稳定情绪、积极改造将会具有积极作用。

（四）检察机关对在押未成年人监管权益保护有待进一步加强

目前，部分检察机关未成年人检察部门在派驻看守所设立了驻看守所未成年人检察办公室（以下简称“驻所未检办”），对未成年在押人员的教育、保护起到一定作用。但从其运行情况看，由于无法实现人员专职派驻、看守所条件设备不齐全等原因，尚无法达到非在押涉罪未成年人的观护帮教效果。另外，驻所未检办主要通过口头或书面纠正违法、立案进行侦查追究等方式履行职能[①]，对于一些改进工作的意见建议，因完全改进需要的司法资源较多，纠正违法所能达到的效果非常有限，如混押现象，对于刑事拘留尚达不到逮捕标准的多人犯罪，需要大量的未成年人监室，在警力无法满足或者异地羁押审批手续还没能获批即将面临释放时，常常面临纠正也无法立即改正的状态，对在押未成年人监管权益保护有待进一步加强。

三、在押未成年人权益保护的检察路径探索

为进一步规范和加强在押未成年人监管保护工作，结合 W 市未成年人驻看守所检察官办公室检察工作情况，笔者认为，需要对辖区范围内所有未成年在押人员实行统一收押、管理和帮教，将在押未成年人监管与羁押必要性审查相结合、与统一逮捕标准促规范办案相结合、与精准帮教相结合，解决当前在押未成年人面临的权益保障和教育难题。

（一）完善设施建设，开展在押未成年人驻所检察工作

有条件的探索设立未成年人看守所，完善未成年人过渡监室和羁押监室建设，充分落实未决犯和已决犯、成年犯与未成年犯分管分押以及同案犯不能同监室关押等规定，对未成年在押人员进行统一管理，防止未成年人与成年人“交叉感染”，保障未成年在押人员单独关押、单独管理的权益。推广驻看守所未成年人检察官办公室，组织一批有未成年人检察工作经验的检察官驻所工作，使未成年人刑事执行检察工作依托检察官办公室和专业未检队伍开展。针对在押未成年人进行建档管理、收押出所检察、羁押期限检察和羁押必

① 齐蕊：《我国看守所检察监督制度的问题与对策》，中国社会科学院研究生院 2014 年硕士学位论文。

要性审查、监管活动检察、执行刑罚活动检察等，运用纠正违法和检察建议等方式督促看守所规范未成年在押人员管理工作。驻所未检检察官共同参与看守所日常谈话、学习教育等在押未成年人常规监管活动，通过听、看、查、问、谈等方式，对在押未成年人所在监区进行集中检察，关注和保障未成年在押人员身心健康，使他们平稳度过看守所羁押监期。

（二）持续帮教并及时提出羁押必要性审查意见

驻看守所未成年人检察官办公室在工作中落实《人民检察院、公安机关羁押必要性审查、评估工作规定》第 7 条之规定，协助办案单位做好未成年在押人员羁押期间的跟踪帮教、感化挽救工作，对所有被逮捕未成年人建立帮教挽救管理台账，因人施策帮教挽救。发现未成年在押人员确有悔罪表现、不予羁押不致发生社会危险性的，驻看守所未成年人检察官办公室及时提出羁押必要性审查意见，由负责捕诉的检察官进行羁押必要性审查。对不需要继续羁押的，在侦查、审判阶段，应当建议办案机关予以释放或者变更强制措施；在审查起诉阶段，检察院应当及时决定释放或者变更强制措施。

（三）开展未成年在押人员观护帮教及心理辅导

建立在押未成年人观护帮教档案，将在押未成年人在看守所内的学习、教育、管理等活动记录在册，将观护帮教工作开展情况和帮教效果写入未成年犯罪嫌疑人社会调查报告，可作为承办检察官办理未成年人检察案件的参考。选聘未检检察官、关工委“五老”专家、高校教师、心理咨询师、家庭教育指导师等组成观护帮教人才库。定期开展法治讲座和课程，播放案例视频，学习法律和文化知识，帮助其顺利回归社会，维护在押未成年人获得帮教的权利。

畅通在押未成年人法律、心理咨询服务诉求反馈渠道，联合看守所和社会公益力量，为所内在押未成年人进行“一对一”心理疏导、团体心理辅导、心理疏导讲座等活动。还可以在羁押场所内设立心理咨询室，配备心理沙盘、情绪宣泄道具等，邀请心理咨询师为在押未成年人进行心理疏导和减压训练，教育引导在押未成年人放下思想包袱，帮助其调整失衡心理状态，提高自我认知能力和环境适应能力，维护在押未成年人心理健康权益。

（四）注重保障未成年人受教育权，探索送课送学进看守所

针对在押未成年人普遍教育程度较低、生存技能缺乏的情况，由在押未成年人观护帮教人才库设计研发涵盖法律法规、心理讲座、职业技能的系列课程。邀请职业技术学校老师，通过“远程培训+定期实训”的方式，向在押未成年人教授实用技能，可将接受教育培训的情况作为衡量其服从教育管理的指标之一，由看守所和驻所未检办公室共同监督。对于尚处于义务教育阶段的在押未成年人，在学习教育内容中添加义务教育文化课程，可由相应年级学校老师录制网课送学进所。除了看守所规定的教育活动外，设置未成年人图书影音阅览室，使在押未成年人可以根据喜好选择法律书籍、影音资料进行学习，了解我国法律制度、传统文化、道德品行，促进树立法律意识、规则意识和良好品德，以期顺利回归社会。

（五）依法适度保障会见权益，亲情感化挽救涉罪未成年人

未成年在押人员尚处于青春期，对家长的心理依赖较重，独自被关押在看守所内，难免会产生恐慌、焦虑、抵抗等心理，此时若能够见到熟悉的亲人，安抚其情绪，使其配合调查，对未成年在押人员的教育矫治和案件调查都是有益的。

为防止亲子见面可能影响案件侦查，可探索由驻看守所未检检察官或看守所民警在场陪同下，在提审讯问等需要法定代理人在场的诉讼环节，适度允许情感交流、问候生活等亲子交流。并由未检检察官开展家庭教育指导，与家长一起帮助未成年人疏导情绪、配合

调查、积极改造，促进未成年在押人员认识到自身行为的错误，用亲情教育和感化思想帮助其回归正轨。还可通过单向视频会见（亲属单向可视未成年在押人员，不能通话）、视频录像、书写信件的方式，由未检检察官进行内容审核，为未成年犯罪嫌疑人、被告人的父母等亲属提供了解孩子在押期间生活、学习和身心健康状况的材料，让他们知道孩子在看守所中的情况，使其能够更好地履行父母职责，共同促进在押未成年人教育改造。

业务论坛

留守未成年人综合司法保护的路径选择

——以G市Z区未成年人检察工作实践为例

广东省广州市增城区人民检察院课题组*

一、留守未成年人刑事案件情况分析

（一）基本情况

2021年至2023年，Z区检察机关审查逮捕未成年人犯罪案件212件292人，其中192人为乡村未成年人①，约占65.8%；审查起诉未成年人犯罪案件223件317人，其中210人为乡村未成年人，约占66.2%，留守未成年人（包括案发前、案发时为留守状态）共52人，约占16.4%（见图1）；审查起诉侵害未成年人案件196件261人，其中涉留守儿童案件12件，约占5.6%（见图2）。

---

* 课题组负责人：田伟，广东省广州市增城区人民检察院党组副书记、副检察长、三级高级检察官；课题组成员：刘玥彤，广东省广州市增城区人民检察院第一检察部副主任、一级检察官；苏亮，广东省广州市增城区人民检察院第四检察部二级检察官；陈柳，广东省广州市增城区人民检察院第一检察部四级检察官；谢雨池，广东省广州市增城区人民检察院第一检察部五级检察官助理。本文系2023—2024年广州市检察机关检察理论研究立项课题“乡村地区留守未成年人综合保护研究”的阶段性研究成果。

① 乡村未成年人，即常住地在乡村地区的未成年人。

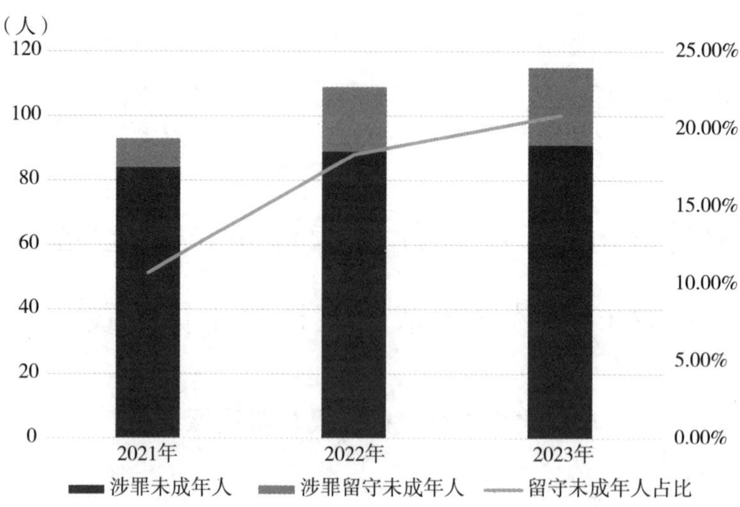

图 1　2021—2023 年 G 市 Z 区留守未成年人犯罪情况

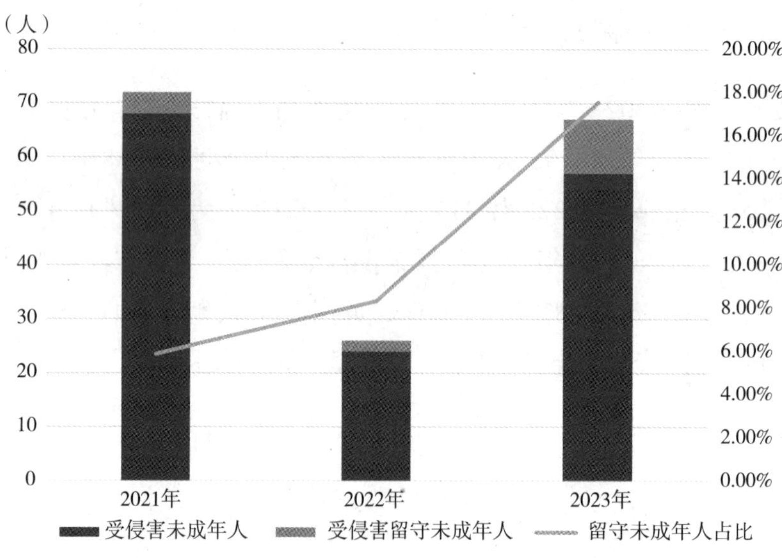

图 2　2021—2023 年 G 市 Z 区受侵害留守未成年人情况

留守未成年人犯罪主要呈现以下特点：一是案件类型以传统侵财型为主。如盗窃、抢劫两罪占比超六成，案件整体呈现案情简单、事前无预谋等特点。二是恶性案件偶发。部分留守未成年人存在人际交往障碍，思想较为偏激，甚至出现故意伤害、故意杀人等恶性案件，易引发负面影响。三是“抱团”情况突出。由于缺少有效家庭监护，不少留守未成年人极易产生群体共鸣，结伙作案，多见于寻衅滋事和聚众斗殴案件。四是出现网络习得性、网络模仿性等特点。随着信息时代发展，留守未成年人通过使用电子设备交友寻求感情寄托的情况增多，但自身判断力较弱，易受网络不良信息和网络不良交友影响，出现诈骗罪、帮助信息网络犯罪活动罪等电信网络犯罪类型（见图3）。

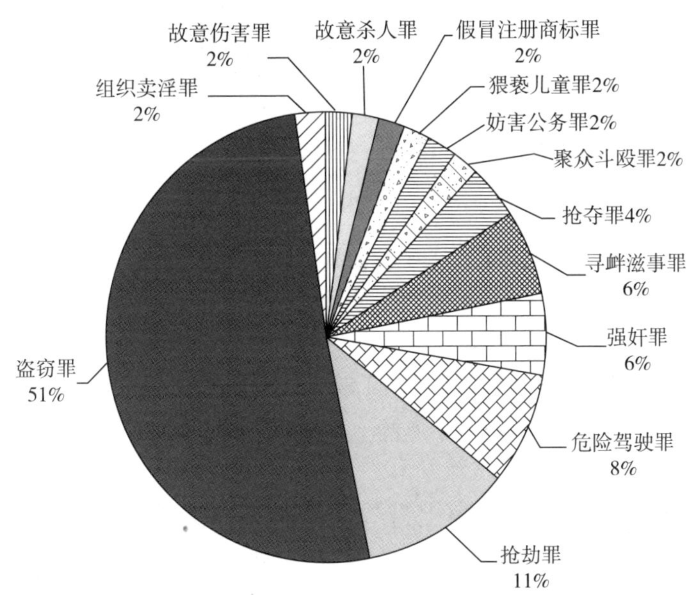

图3　2021—2023年G市Z区留守未成年人犯罪主要类型

留守未成年人受侵害多发生在性侵害领域，案件主要呈现以下特点：一是熟人作案多发，“私了”情况突出。受侵害者低龄化，容易受到威胁、恐吓而不敢报案，即使主动与家庭沟通问题，又因受制于乡村地区血缘、地缘关系社会的限制，出现“大事化小、小事化了”的处理方式。二是侵害具有长期性、多次反复的特点。由于留守未成年人与外界有效沟通的缺失及自我保护不足，案件潜伏期普遍较长，且在事后心理干预中易出现不信任、恐惧的不良反应。三是部分受害人产生错误性观念，出现恶逆变现象，主动将性行为商品化，参与卖淫违法活动，甚至加入组织卖淫犯罪团伙。四是“小候鸟型”（即留守未成年人假期短暂迁移至父母工作所在地）受侵害案件增多，反映出外来务工人员子女安全问题应引起高度重视（见图 4）。

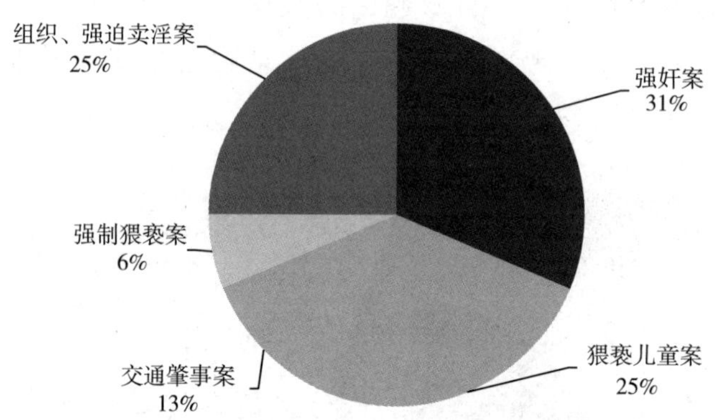

图 4　2021—2023 年 G 市 Z 区留守未成年人受侵害案件主要类型

（二）案件反映的深层次问题

1. 家庭监护缺位

由于外出务工、离婚率上升导致乡村地区未成年人家庭结构不完整，留守未成年人以单亲照顾、隔代照顾为主，家庭教育缺位，部分农村家庭中存在“管生不管养”的思想。长期处于无人关爱、自由松散的成长状态使得留守未成年人放松对自我要求，其越轨行为得不到正确引导，容易受不良诱惑而走上违法犯罪道路。犯罪学家詹穆斯·布雷和雷克·布雷德曾指出“大量的临床案例证明，成长于破碎家庭的孩子更容易出现行为越轨，做出不恰当的行为，而家庭结构的破碎又与冲突、敌意、攻击行为联系在一起，这一切都是导致青少年犯罪的因素”。在家庭内部关系动荡不安、缺乏关心关爱的情况下成长的未成年人更容易存在行为认知偏差，对道德底线的自我要求松懈，出现心理失衡和行为越轨。如李某盗窃案，未成年人李某出生于重组家庭，从小由祖母照顾，祖母教育方式落后，父母未真正落实监护责任，导致其缺乏家庭的有效关爱和认同，只能通过朋辈之间相互“抱团取暖”，之后出现逃学辍学等不良行为，并为满足经济需求和维护团体中“大哥”形象强化群体联系，进而出现盗窃等犯罪行为。此外，部分留守未成年人因自身家庭特殊性由民政部门指定监护，本意在于留守未成年人的人身权利、财产权利以及其他合法权益处于无人保护状态时做好兜底工作，但实践中少数指定监护人未严格履行监护责任，造成事实监护空白，指定监护刚性不足，对留守未成年人的成长出现空白地带。

2. 辍学问题不容忽视

留守未成年人的社会纽带以学校最为广泛。目前农村教育资源取得一定发展，但通过与部分乡村地区中小学校长座谈，发现普遍存在以下问题：师资力量弱，一师担多科的情况为常态；寄宿制度受困于资金无法实现，在校生午休时间监护出现空白；专业力量缺乏，心理疏导无法实现。人手不足、资金不足的校方对于留守未成年人的关心关爱更是有心无力。同时在办案中发现，仍有部分留守未成年人存在失学辍学情况，涉案留守未成年人学历普遍集中于小学和初中（大部分为非本地户籍未成年人）。据统计，G 市 Z 区涉罪留守未成年人中，有 5 人在小学阶段辍学，有 26 人在初中阶段辍学。留守未成年人缺乏家庭监护导致教育功能延伸受阻，在家校沟通、配合问题上屡屡受困。校园欺凌事件的出现更让留守未成年人不愿留在学校，在学校得不到关注与关爱的留守未成年人选择离开学校。如董某强奸案，董某在校期间曾受到其他人的霸凌和殴打，开始与社会上的闲散人员来往寻求情感支持，辍学后离开户籍地“混社会”沾染不良行为，最终走上犯罪道路。《未成年人保护法》第 29 条第 2 款明确规定“学校应当配合政府有关部门建立留守未成年学生、困境未成年学生的信息档案，开展关爱帮扶工作。”2023 年最高检、教育部联合印发《关于建立涉案未成年人控辍保学协作配合机制的意见》指出，检察机关与教育行政部门通过互通信息、联动帮扶等方式，强化协作配合，促进涉案未成年人控辍保学和教育权利保障落实。但目前实践中司法机关与教育机关对于留守未成年人之间辍学失学信息存在一定壁垒，不利于落实落细控辍保学工作。

3. 心理问题频发

由于关键的成长时期缺乏来自父母的关爱和呵护，留守未成年人心理上缺乏足够的安全感，心理成熟水平低，更敏感脆弱，整体情绪起伏大，处理风险态度不够成熟。埃里克森①提出，青少年阶段主要任务是建立积极的自我同一性，也即未成年人在这个阶段的哲学问题是：我是谁？我会成为谁？我怎么成为谁？并且在这个阶段将整理过去的经历和构建未来的想象，并串联成有机整体，在无数个可能中建立属于自己的人格。未成年人社会心理成熟水平低、情绪起伏大，对待风险态度不成熟，再加上时间感的缺失（即不能深刻认识行为及带来的长期后果），存在心理脆弱性，出现同一性症候群②的特点，产生大量情绪困扰，在心理成长上容易受到外界不良信息的影响从而产生畸形变化，一方面道德底线降低容易走上违法犯罪的道路，另一方面在受到不法侵害时得不到家庭和学校的及时帮助，产生绝望孤独、自暴自弃的心理，甚至产生恶逆变效应，从被害者向施害者转变。如吴某组织卖淫案，吴某听从其男友游说加入卖淫团伙开始卖淫，后主动组织拉拢其他卖淫女在其手下“接单”，完成从卖淫者向组织卖淫者的逆变。

4. 人生观发生错位

在城市化的进程中，留守未成年人父辈进入城市打工，一定程度

① 美国精神病学家爱利克·埃里克森提出了人格的社会心理发展理论，把心理的发展划分为八个阶段，指出每一阶段的特殊社会心理任务；并认为每一阶段都有一个特殊矛盾，矛盾的顺利解决是人格健康发展的前提。

② 日本学者小此木吾归纳了同一性症候群特点：同一性意识过剩、选择的回避和麻痹状态、与他人距离失调、时间前景的扩散、勤奋感的丧失、否定的同一性选择。

上改善了家庭经济情况，留守未成年人在物质上相比过去已有较大改善。但物质与精神之间未能同步提升，部分留守未成年人家庭仍存在“读书无用论”“拜金主义”的思想。受到家庭的影响，部分留守未成年人无法正确判断价值观，与学校联系逐渐减弱，加之信息网络发达，在法治教育缺乏的情况下对不良网络信息的甄别能力低，容易被不良言论煽动，模仿网络不良行为，从而使其人生观出现偏移，趋向好逸恶劳、暴力征服的扭曲人生观。部分留守未成年人受到网红经济“走捷径暴富”的影响，易被小恩小惠哄骗进而受到侵害。错误的人生观也使得涉罪未成年人后续“再犯罪预防”工作开展出现认知阻碍，不利于纠正错误行为及错误思想，使得感化、挽救未成年人工作难度加大。

二、留守未成年人综合司法保护的检察实践

（一）深度开展留守未成年人犯罪帮教工作

2021 年至 2023 年，G 市 Z 区附条件不起诉人数 118 人，其中乡村地区未成年人 82 人，占 69.5%，留守未成年人 16 人，占 13.6%。由于留守未成年人家庭监护能力较弱，且多为失学辍学人群，考察期内不利于进行长期跟踪。G 市 Z 区探索构建企业型观护模式，在再犯预防层面实现司法专业化和帮教社会化相衔接。在尊重涉罪未成年人的前提下，为留守未成年人提供企业观护机会，由企业负责人、带教师傅与帮教社工组成帮教小组，开展长期跟踪帮教并定期与办案检察官进行帮教方案更新。通过企业观护的模式，在提供监护的同时，通过参与劳动挣取工资，重塑正确价值观，强化留守未成年人社会联系。目前已成功开展附条件不起诉 6 人次，在宣告不起诉结束后均未重新犯罪。

（二）推广开展家庭教育指导工作

针对留守未成年人家庭监护弱的难题，利用法治课、法治宣讲、

张贴海报等方式推动家庭教育资源向乡村地区倾斜。其中 G 市 Z 区在家庭教育周活动中将法治课与家长会深度结合，邀请家庭教育促进会社工，通过情景剧、以案释法等方式为留守未成年人及其家长同上一节法治课，打破家长与孩子之间的沟通壁垒，帮助家庭内部双向理解。此外，G 市 Z 区对乡村地区家庭联系弱、反复出现不良行为的未成年附条件不起诉人进行专业的家庭教育指导，引入社工力量，帮助修补未成年人家庭关系，并进一步引导涉案未成年人重新构建正常人际交往，降低未成年人再犯可能性。

（三）落实司法救助与社会救助相衔接

G 市 Z 区检察机关始终坚持有困难必走访、有线索必移送，立足最有利于未成年人原则，2021 年以来联合上级检察机关救助乡村地区未成年人 7 人次约 19 万元。司法救助只能解燃眉之急，对家庭长期贫困的未成年人来说无法提供长远支持，如何使司法救助与社会救助相衔接，打造乡村留守未成年人长期帮扶是延伸检察职能的重大考验。以办理的黄某被强制猥亵案为例，检察官在办案过程中了解到黄某系农村留守未成年人，且存在一定程度智力障碍，家访中得知其需要进行脑部手术，Z 区检察机关立即开展司法救助工作，向其发放司法救助金 72030 元；立足黄某未来生活需求，积极推动被害人多元化长期帮扶，通过沟通协调，黄某所在村委将其纳入重点帮扶对象，实现了司法救助与社会救助相衔接。

（四）强化留守儿童关爱服务体系建设

针对 G 市 Z 区乡村地区地域广、分布散的特点，借助政府、司法、学校、社会等资源，不断完善关爱服务措施。目前 G 市 Z 区检察院通过与民政部门联手构建“检察 + 民政”双引擎机制，一是借力民政部门各镇街、乡村未成年人保护工作站资源优势，联合其他政府部门共同参与，打造集心理疏导、法律咨询、法治宣传、跟踪帮教等工作于一体的“家门口”帮扶机制，切实提升关爱工作效率及精准度。二是拓宽社会保护路径，针对留守未成年人物质困境和精神困境开展公益活动，引入社工和志愿者进行线索收集、反映，拓宽线索渠道。三是乘着法治副校长群体的影响力，鼓励学生通过法治信箱传递成长路上的烦恼，对反映受到侵害的线索积极回应，并安排司法社工进行心理疏导。

（五）利用好中国传统文化

中国传统文化具有其独特的地域性，而背后蕴含的传统美德能够对未成年人成长起到正向引领作用。利用好本地的特色文化与非遗项目，通过各非遗项目师徒之间的代代传承，打造现代化文化帮教方式。G市Z区检察机关与企业打造“非遗+帮教”的企业型观护帮教平台，通过酱油酿造的非遗文化手把手教育涉罪未成年人，为留守未成年人提供监护新方式。通过发掘中国传统文化、传播乡村传统美德故事，系好“乡土中国”的地缘纽扣，强化与留守未成年人的联结，为留守未成年人成长营造良好环境。

三、留守未成年人综合司法保护工作困境

（一）监护条件欠缺，帮教难度较大

对留守未成年人附条件不起诉的社工帮教记录进行分析，显现出留守未成年人强流动性的特点，具体表现为“更换三快”，即工作地点更换快、生活地点更换快、接触人员更换快。出走型[①]留守未成年人的家庭联系弱，一家三口分散三地的情况较为常见，监护条件欠缺，使得帮教难以顺利开展。异地分散的情况下，仅通过电话、网络视频，而缺乏面对面沟通交流，不足以正确评价未成年人现状，

① 即离开户籍所在地外出的留守未成年人。

从而影响矫治效果。

（二）辍学失学多，复学困难

留守未成年人复学难主要体现在主观上“不想上”和客观上“没地上”两个方面。在留守未成年人附条件不起诉考察期内，检察机关尝试为部分附条件不起诉人联系学校复学。部分留守未成年人由于义务教育阶段与学校联系不够紧密，得不到肯定与认可，出现厌学情绪，不愿返校学习。非义务教育阶段但有复学打算的罪错未成年人由于辍学、被开除等经历，校方拒绝接收。而专门学校资源较少，不能就近送学，不利于开展长期跟踪。辍学失学多、复学困难等问题背后反映出社会对留守未成年人的容错度和接纳度较低。

（三）乡村普法力量薄弱，法治副校长履职不足

法治副校长群体作为法治宣讲主力军，已逐渐推广至各个学校。由于 G 市 Z 区区域范围大、山区面积广、乡村人口分布散，部分乡村学校较为偏远，法治副校长未能全部覆盖所有乡村地区，法治副校长与学校之间未能形成紧密沟通联系，容易出现以下问题：一是对在学校出现的校园欺凌、食品安全、性侵害等问题无法第一时间介入，督促校园安全防控的职责未能充分发挥；二是法治课开展次数少，集中于开学季和散学礼，未成年人法治课程包括法律讲解宣传、预防犯罪宣传、自我保护宣传三大类，法治课程少使得部分法治副校长在讲授法治课过程中追求广度而忽略深度，法治课内容涉及面广但无法深入剖析，缺少细节；三是普法对象过度专注于学生，对家长、教师群体的普法不足，家庭保护和学校保护存在漏洞。

（四）乡村地区社会支持力量不足，未形成保护合力

乡村地域辽阔，但对未成年人工作的社会支持力量不足，专业社工机构为留守未成年人提供专业化服务普及面不广，未能长期定点

参与工作，存在专业力量下沉深度不足的问题。除此之外，针对未成年人保护职能部门合力不足，新修订的《未成年人保护法》第9条规定："各级人民政府应当重视和加强未成年人保护工作。县级以上人民政府负责妇女儿童工作的机构，负责未成年人保护工作的组织、协调、指导、督促，有关部门在各自职责范围内做好相关工作。"但目前在留守未成年人保护工作实践中，对于各相关部门之间如何协调配合、畅通信息、专项攻坚等暂未出现可借鉴、可普及的经验。

四、留守未成年人综合司法保护的路径选择

（一）开展好留守未成年人再犯罪预防工作

针对留守未成年人帮教难、跟踪难的问题，亟须探索再犯罪预防道路，感化挽救留守未成年人。目前主流做法是通过开展法治宣讲进行再犯罪预防工作，做法较为单一，而推动再犯罪预防需要多种方式开展工作。再犯罪预防最有效的方式是提高罪错未成年人社会接受度，检察机关需通过落实工作、重返校园的方式重新构建留守未成年人社会纽带，进一步规范未成年人思想及行为，帮助留守未成年人重新构建正确价值观。

（二）落实好涉案留守未成年人控辍保学工作

美国学者赫希的社会控制理论认为，学校对未成年人控制的强弱直接影响未成年人犯罪率，[①] 通过有效保障适龄入学儿童的受教育权，可以预防和减少留守未成年人违法犯罪行为的发生。目前，最高人民检察院、教育部联合印发了《关于建立涉案未成年人控辍保学协作配合机制的意见》，对涉案适龄儿童控辍保学工作具体实施做

① 赫希认为未成年人不依恋、不依赖、不喜欢学校是少年犯罪动机的一种来源，即由于在校园不愉快的学习经历导致未成年人通过违法犯罪发泄自身不良情绪，具体规律为"学习能力差—学习成绩差—不喜欢学校经历—抵制学校权威—发生违法犯罪行为"。

出细化，实践中，多数涉案未成年人案发时已经超过义务教育年龄，针对这部分未成年人，检察机关应当探索控辍保学工作前置，通过检察建议、公益诉讼等方式倒逼教育部门落实落细辍学失学留守未成年人台账，对突发辍学的留守未成年人做到应劝尽劝，并长期跟踪关注名单中的未成年人。同时强化部门合作，充分发挥司法机关、属地镇街、村居委的作用，形成工作合力，推动对涉留守未成年人问题的诉源治理、系统治理和综合治理。

（三）强化检校合作和法治宣传教育工作

1. 推动乡村地区检察官法治副校长实职化履职

针对办理留守未成年人性侵案件中暴露出的学校强制报告执行力度不足、性教育缺乏、心理疏导无法开展等问题，建议检察机关加强与教育部门的交流合作，将检察官法治副校长资源向乡村地区倾斜，指导学校落实未成年人保护责任，综合运用“检察建议 + 法治课 + 心理疏导”“座谈会 + 法治课”等方式，构建留守未成年人学校保护格局。

2. 强化法治教育

学校是向留守未成年人传输正确人生观、价值观的重要场所，亦是未成年人社会化重要演习场所，建议结合地域特点，坚持以校园为法治宣传主阵地，司法机关有针对性地向留守未成年人集中的学校开展普法宣传。此外，强化对法治副校长团队专业化建设，推动法治副校长履职尽责，深入开展心理救助、一对一帮教等工作，进一步帮助留守未成年人纾解负面情绪，系紧与留守未成年人的关系纽带。

（四）积极构建留守未成年人综合保护体系

1. 用活数字赋能

近年来，数字化改革为未成年人检察监督的发展带来新的契机，各地检察机关积极运用大数据开展未成年人检察监督案例彰显了大数据赋能未成年人检察监督的良好效果。建议检察机关通过分析涉留守未成年人案件数据，收集诉源治理线索，对接民政部门留守儿童数据库、教育部门失学辍学数据库、公安机关行政执法信息库及医疗、社保等涉未相关数据，通过对比碰撞，分析研判是否存在涉留守未成年人监督线索，加快推进在社会综合治理过程中嵌入法律监督，达成对留守未成年人全面综合司法保护的目标。

2. 减弱留守未成年人“标签化”影响

随着信息网络飞速发展，部分自媒体为追求高阅读量，将话题和重点聚焦到“特殊点”，近年来对留守未成年人案件的大量报道，使得农村留守未成年人“标签化”加重，留守未成年人需要社会的关爱，但过度“标签化”会为该群体带来歧视和严重心理伤害。司法机关、政府组织、社会团体等相关力量，应当突出对留守未成年人的关爱、包容和理解，尽可能减少对留守未成年人案件的负面报道，即使报道也不可披露相关未成年人个人信息，避免因舆情对未成年人成长造成不可逆的损害。

3. 利用好乡风文化建设

乡土文化是对未成年人最直接的文化影响，其具有的地域性和生活气息更有利于细化留守未成年人综合保护。优秀的乡风文化建设是构建留守未成年人成长环境的核心要义，乡土文化中的道德教化部分对于未成年人行为认识及评价具有矫正功能，因此可将法治文化融入乡土文化中，通过当地方言和生活习惯打造民族化、乡土化的法治乡村文化，为留守儿童健康成长营造积极向上的社会氛围。

性侵害未成年人犯罪案件“一站式”办案机制研究

——以综合司法保护为视角

汤 静 汪振光*

一、问题的提出

未成年人作为国家的未来、民族的希望①，对其予以充分保护能够同时体现对人权的保障，是衡量一个国家法治建设进步的标准。2020年修订的《未成年人保护法》总则中增加了最有利于未成年人原则，以及在第七章中增加了对未成年被害人综合司法保护的有关内容，更是体现了我国对未成年人保护工作的重视程度。然而，由于未成年人在身心发育、社会认知等方面存在先天不足，与成年人相比更易受到犯罪的侵害。在所有侵害未成年人犯罪中，对未成年被害人身心健康伤害、威胁最大的便是性侵害未成年人犯罪。相关数据显示，近年来性侵害未成年人犯罪案件数量在我国仍呈现上升

---

* 汤静，山东省菏泽市郓城县人民检察院第二检察部副主任；汪振光，山东省菏泽市郓城县人民检察院第二检察部检察官助理。

① 参见《习近平在北京育英学校考察时强调 争当德智体美劳全面发展的新时代好儿童 向全国广大少年儿童祝贺“六一”国际儿童节快乐》，载新华网，http：//cpc. people. com. cn/n1/2023/0531/c64094－40003518. html，最后访问时间：2024年3月19日。

趋势[①]。为加强对性侵害未成年被害人的综合司法保护，有关部门相继出台了一系列的司法解释、规范性文件，探索并试点新保护机制，以最大限度维护其合法权益。在最高人民检察院的大力推动下[②]，"一站式"取证模式应运而生，全国各地多家检察机关因地制宜开展试点实践工作[③]，在此基础上逐步形成了性侵害未成年人犯罪案件"一站式"办案机制，基本构建了公安机关受案后，即时联系检察、医疗等部门的工作人员到达办案现场，对受害未成年人"一次性"开展询问、验伤等取证工作的工作模式。"一站式"办案机制具有诸如获取最佳陈述、防止二次伤害等功能[④]，不仅完善了侦查取证的方式，提升了被害人陈述的质量，且防止损害的扩大化和持续化，能够高效保护受害群体。但是，从综合司法保护视角下检视性侵害未成年人犯罪案件"一站式"办案机制，可以发现该制度在实践过程中仍存在一定的问题，如立法层面缺乏统一规定、部门协调配合不到位、询问规则不够细化等。

---

① 《未成年人检察工作白皮书（2022）》显示，2022 年，起诉强奸、猥亵儿童等性侵未成年人犯罪 36957 人，同比上升 20.4%。参见《未成年人检察工作白皮书（2022）》，https://www.spp.gov.cn/spp/xwfbh/wsfbt/202306/t20230601_615967.shtml#2，最后访问时间：2024 年 3 月 19 日。《未成年人检察工作白皮书（2021）》显示，2021 年，检察机关起诉强奸未成年人犯罪 17917 人，起诉猥亵儿童犯罪 7767 人，同比上升 32.09%，起诉强制猥亵、侮辱未成年人犯罪 2167 人。参见《未成年人检察工作白皮书（2021）》，https://www.spp.gov.cn/spp/xwfbh/wsfbt/202206/t20220601_558766.shtml#2，最后访问时间：2024 年 3 月 19 日。

② 最高人民检察院《2018—2022 年检察改革工作规划》将未成年被害人"一站式"询问、救助机制作为重点工作进行推进。参见《2018—2022 年检察改革工作规划》，https://www.zgjccbs.com/article/content/201902/859/3.html，最后访问时间：2024 年 3 月 19 日。

③ 最高人民检察院要求截至 2020 年底，各地市（州）至少建立一处未成年被害人"一站式"办案场所。参见《最高人民检察院关于加强新时代未成年人检察工作的意见》，https://www.spp.gov.cn/xwfbh/wsfbt/202004/t20200430_460261.shtml#2，最后访问时间：2024 年 3 月 19 日。

④ 杨雯清：《论我国"一站式"办案机制的功能偏差现象及其纠正》，载《汕头大学学报（人文社会科学版）》2022 年第 10 期，第 19－20 页。

二、性侵害未成年人犯罪案件“一站式”办案机制问题之剖析

（一）立法层面支撑不足

我国未成年被害人保护制度目前在新修订的《未成年人保护法》中得到较为全面的规定，但在该法修订之前，大多数的保护机制都是有关部门以规范性文件的形式来确立，“一站式”办案机制也不例外。此种方式能够针对司法实践中的突发问题作出迅速回应，但是缺点也是显而易见的，不同制度的规定可能存在对立甚至冲突，即使同一制度不同部门的规定也不尽相同。具体到“一站式”办案机制上，由于我国现有法律关于“一站式”办案机制的规定还存在一定空缺，对于具体实施过程中各单位的职能及运作方式上缺乏统一的立法规制，未形成专门的单行法律或者单独篇目规定如何保护未成年人这一特殊受害群体的利益，只是分散规定于各个法律条文中，缺乏整体性、全面性、协调性[①]。例如，“一站式”办案机制需要公安、检察、医院等单位协调配合，但由于缺乏内部建构及具体实施程序的法律规范，导致各单位对此认识不同、重视程度不同；由于缺乏沟通协调机制，加之各部门具体工作的差异性，导致不同部门人员的工作配合度较低，工作推进存在一定难度。

此外，由于制度所依据规范性文件的层级较低，在实际运作过程中往往出现浮于形式的问题。具体到“一站式”办案机制上，部分试点地区名义上虽然建立了“一站式”办案中心，也以联合制定规范的形式对办案机制作出规定，但在实践中却由于文件的强制力不足出现流于表面的现象。有的地区在建设“一站式”办案场所硬件方面高度重视，短期内已基本打好物质基础，遗憾的是在具体的工

① 向燕：《未成年被害人保护制度的中国特色及改革方向》，载《青少年犯罪问题》2021 年第 5 期，第 99 页。

作运行中依然不可避免地出现不按规定行事、监管缺位等情况。

（二）部门协调配合不到位

性侵害未成年人犯罪案件“一站式”办案机制的创立目的在于通过建立特定场所、集中特定人员力量完善关于未成年人刑事案件办理的专门化，以此提升办案质量，提高办案效率，减少对未成年被害人的“二次伤害”。从实际试点情况来看，“一站式”办案机制在全国各地开花结果[①]，该办案制度对于打击性侵未成年人犯罪、保障特殊群体合法权益方面均体现出明显的促进作用，但办案机制总体上仍处于起步阶段。

1. 权力配置方面

首先，就取证而言，该办案机制的积极意义在于可以借助平台较为全面的收集证据，避免重复工作，但同时带来的弊端也比较明显，比如因想达到全面取证的效果，则难免在此过程中行为较为苛刻、程序也更加复杂，并且由于询问主体的特殊性以及询问环境的变化，公安机关办案人员也需要提升自己的综合办案素质，比如适应检察机关的介入工作、配合检察引导侦查工作的开展等。实际上，公安部门的工作相当繁杂，其需要切实履行保障社会治安、进行刑事案件的侦查等工作，上述情况可能加重办案人员的工作负担，因此对于该项制度的落实积极性不高，公检部门的配合不够顺利。

其次，关于“一站式”办案机制中的检警配合问题，尽管各地出台了一系列相关规定，但在具体的分工配合上并无统一的指导，由此在司法实践中造成检警分工“莫衷一是”的困局。目前来看，检警在我国属于一种配合制约型关系模式，在运行程序中难免出现矛盾、冲突。在“一站式”办案机制中，检察机关监督和制约职能

① 截至2023年6月1日，全国共建成未成年被害人“一站式”询问救助办案区2053个。最高人民检察院：《未成年人检察工作白皮书（2022）》，https：//www. spp. gov. cn/spp/xwfbh/wsfbt/202306/t20230601_615967. shtml#2，最后访问时间：2024年3月19日。

未能切实发挥，该制度的运行举步维艰。

此外，作为一个系统的工程，“一站式”办案机制除了需要公安、检察机关配合外，还涉及医疗、心理咨询等机构。但在实践中，由于与这些单位并未建立完备的沟通、合作机制，导致各部门之间互相扯皮现象屡见不鲜，使得对未成年保护程度大大降低。

2. 队伍建设专业化方面

“一站式”办案机制要求工作人员在办理案件中减少询问特殊群体的次数，满足一次性询问的要求。但在实践中办案人员往往由于专业性的缺失导致遗漏案件有价值的细节、未抓住询问重点等，难以有效开展询问工作，未成年被害人答非所问、沉默不语的情况也时有发生，实践中不少案件没有真正做到一次全面询问。持续性、多次性的询问办案机制必然会导致未成年群体的心理和精神遭受巨大压力，询问的过程必然会引发之前不堪的回忆，数次询问则数次引起，这样的工作方式对于未成年人及其家属而言都是痛苦的，且双方容易形成敌对状态和反感情绪，不利于案件的顺利开展。

此外，当未成年人遭受侵害后，首先面临自身压力和家庭压力，其次社会上他人的眼光也会严重影响该群体的心理健康，司法实践中经常发生该类主体在网络曝光，甚至还会遭受网络暴力。未成年人不仅要承受被侵害后果，还要承受刑侦过程中的压力，势必会影响未成年受害人的心理健康，对其精神和心理造成伤害。为了解决上述困境，要求在办案过程中引入心理疏导等。但从司法实践中涉及的案件和实施效果来看，心理辅导基本浮于表面，对未成年人的心理救助程度较低、效果较差。甚至部分情况下，由于办案人员经验缺失导致案件无法继续开展。性侵害未成年人案件之所以要实现专业化办理，究其原因便是为了更好地保护和救助未成年性侵被害人①。未成年群体与成年人相比，年龄小、社会经验少、心智相对不

① 樊荣庆、钟颖、姚倩男等：《论性侵害案件未成年被害人“一站式”保护体系构建——以上海实践探索为例》，载《青少年犯罪问题》2017 年第 2 期，第 32 页。

够成熟，这意味着办案人员面对这一特殊群体要体现出足够的耐心、纪律性和专业性。现行的《未成年人保护法》鼓励、支持社会工作者积极参与到涉及未成年人的案件中，如心理咨询、法律援助、社会观护等方面的工作，但对于是否能够参与询问并没有作出明确规定。实践中，专业人员仅在未成年被害人存在严重心理问题的情况下介入询问，介入的目的也只是进行心理疏导，不进行实质性的询问工作[①]。然而，专业人员的介入需要政府购买相应的服务，目前我国多地政府并未在财政预算中拨付专门款项购买该类服务，因此资金短缺也是专业化队伍建设的短板。

（三）询问规则不够细化

目前已经试点"一站式"办案机制主要表现为各地区的公检法司部门以及医疗机构联合并共同发文，保障制度切实落实。然而，这些文件中对于未成年被害人的询问规则等方面的原则性规定较多，虽屡次强调"一次性原则"适用的重要性，但具体运行时缺乏细致、科学的询问方法，这与我国相关法律法规的缺位有一定的关系[②]。最高检在发布的工作规划中以及相关文件中提到全面综合司法保护的理念[③]，但对于如何细化、施行却缺乏配套的理论和全面的制度规定。这就导致各地区的公检机关缺乏统一标准，在面对制定细则方面存在困境。由于询问规则的表述过于笼统，导致当前的询问过程不仅缺乏良性互动，而且也没有从未成年被害人的角度考虑其理解和承受能力。司法实践中，一般采取针对成年人的发问模式对被害人、证人进行询问，但面对未成年人，尤其是低年龄段的未成年人

---

① 樊荣庆、钟颖、姚倩男等：《论性侵害案件未成年被害人"一站式"保护体系构建——以上海实践探索为例》，载《青少年犯罪问题》2017 年第 2 期，第 41 - 43 页。

② 《刑事诉讼法》第 281 条中虽然有询问未成年被害人的规定，但也仅仅是简单套用讯问未成年犯罪嫌疑人的规定。

③ 参见《2018—2022 年检察改革工作规划》第二部分"主要任务"中的第 15 条，https：//www. zgjccbs. com/article/content/201902/859/3. html，最后访问时间：2024 年 3 月 19 日。

时，传统的询问方法往往失去作用，询问获取的笔录也基本没有证据价值，导致询问工作难以展开①。

此外，办案机关在办案理念上仍存在不足，尽管修订后的《未成年人保护法》新增了最有利于未成年人原则，但受限于以往办理成年人案件所形成的思维惯性，办案人员在面对性侵未成年人案件时，不能及时创新询问方式，未能全面贯彻最有利于未成年人原则。虽然文件中提出要做到“一次询问、全面询问”，但实际工作中大多仍然采用传统询问方式，或是不懂变通地直接一次性询问，实施效果差。忽视了未成年人与成年人之间的差异，没有细化询问规则的意识。

三、综合司法保护视角下“一站式”办案机制优化路径

从检察机关工作角度看，实现未成年人综合司法保护必然要求检察机关综合运用刑事、民事、行政、公益诉讼等手段，并根据个案中未成年人的具体需求有针对性地提供相应服务，通过未成年人检察综合履职，推动“六大保护”融合发展，实现诉源治理②。但综合司法保护不是“四大检察”的简单叠加，而是通过特殊制度的集成适用促进“有机融合”，以最有利于未成年人原则为指引，实现未成年人保护工作全面发展③。以此为指引，对于性侵害未成年人犯罪案件“一站式”办案机制在实践中存在的问题可从以下几个方面予以优化。

---

① 王嘉懿：《浅析性侵案件中对未成年被害人询问工作的功能定位与发展问题》，载《预防青少年犯罪研究》2018 年第 4 期，第 79 页。

② 宋英辉：《加强检察履职推动未成年人综合司法保护》，载《人民检察》2023 年第 11 期，第 42 页。

③ 童建明：《最有利于未成年人原则适用的检察路径》，载《中国刑事法杂志》2023 年第 1 期，第 12 页。

（一）完善性侵害案件中未成年被害人保护法律体系

建立健全关于性侵害未成年人犯罪案件“一站式”办案机制体系是一个系统工程，需要各个部门的通力合作，其中涉及公安、检察、医疗、心理辅导机构等，各部门之间按照规定做好自己的工作，完成案件的侦查、取证工作，达到保障未成年人合法权益、严厉打击犯罪的根本目的。由于未成年主体的特殊性，在办案过程中要充分考虑受害人的心理感受，避免造成精神和心理压力的扩大化。《刑法》《刑事诉讼法》《未成年人保护法》《人民检察院办理未成年人刑事案件的规定》《人民检察院刑事诉讼规则》《关于做好预防少年儿童遭受性侵工作的意见》《关于办理性侵害未成年人刑事案件的意见》等各类文件中分散规定了办理涉及未成年群体案件的程序和注意事项，对建立完善“一站式”办案机制具有借鉴意义。然而不像是同样涉及未成年被害人保护的隐私保护制度①，现阶段的“一站式”办案机制还缺乏统一的规范性文件予以明确，其基本要求、程序规则、主体职责都是根据实践经验总结出来的，个别地区虽然通过制定地方性文件②进行了规制，但具体运行过程中因缺乏对其他部门、人员的强制力而受到各种制约。通过法律赋权的形式建立未成年被害人的保护制度，有利于周密保护未成年被害人的各项权利，并能够通过国家层面的统筹安排，实现具体制度之间的相互衔接③。如前文所述，“一站式”办案机制的顺利开展需要依托各部门之间工作上高效沟通，对此可通过建立健全法规的形式明确立法目的、原则和具体操作细则，落实分工和责任，同时引入激励机制，做到奖

① 我国在《未成年人保护法》《人民检察院办理未成年人刑事案件的规定》和《关于办理性侵害未成年人刑事案件的意见》等都规定了对未成年被害人的隐私保护。

② 例如，昆明市人民检察院制定了《昆明市性侵害未成年人案件“一站式”取证与保护运行规则（试行）》。参见辛亚洁：《昆明14个县（市）区取证保护中心全覆盖》，载《昆明日报》，http：//daily.clzg.cn/html/2022－01/13/content_200910.htm，最后访问时间：2024年3月19日。

③ 向燕：《未成年被害人保护制度的中国特色及改革方向》，载《青少年犯罪问题》2021年第5期，第99页。

惩分明，真正推动这一办案机制的贯彻落实，完善我国未成年被害人保护制度，实现案件的高质效办理，保障性侵案件中未成年被害人的合法权益。

（二）提升部门协调配合能力

涉及未成年群体的犯罪案件依法由检察机关批捕、起诉，且检察机关作为办理性侵未成年人案件的主要国家机关，在推广“一站式”询问、取证方面也不乏他们的身影①。不过，能否发挥制度设立的最优效果，很大程度上取决于各个部门之间的协调与配合程度。

1. 明晰权力配置并形成协调机制

如前文所述，性侵害未成年人犯罪案件“一站式”办案机制在司法机关的参与上，需要检察机关与公安机关共同介入，除了询问外，检察机关还需要对侦查取证工作提前介入引导。那么如何确定二者之间的权力配置机制，就成为“一站式”办案机制内部组织的首要问题。根据我国《刑事诉讼法》② 的有关规定，法院、检察院和公安机关分别负责刑事诉讼的某一环节，部门之间是互相配合、互相制约的关系。在这一权力分配结构下，检察机关直接介入甚至主导公安机关的侦查活动，无疑缺少法律基础与制度依托。但是，检察机关的办案机制同时承接公安部门，启动诉讼程序，故在办理未成年人性侵案件中若能提前介入，能同时起到法律监督和指引侦查方向的双效功能。值得一提的是，“一站式”办案机制中由于公安和检察部门常态合作，更有利于促进检警合作，形成新型检警关系③。

综上，笔者在平衡现有检警关系的基础上提出以下优化措施：通过明确立法的方式确定检察机关在未成年人性侵案件中具备提起介

① 向燕：《论性侵儿童案件的精密办案模式》，载《中国刑事法杂志》2020 年第 2 期，第 75 页。

② 参见《刑事诉讼法》第 7 条。

③ 王晓青、单旭丹、刘昊等：《未成年被害人“一站式”办案模式专家论证会综述》，载《青少年犯罪问题》2019 年第 3 期，第 116 页。

入的权力，并对该类案件承担主导职能。在明确了检察机关办理案件的正当性和合法性之后，需明确检察机关办理该案件的具体流程。首先大致询问后作出立案决定，之后将案件分类，统一办案场所为“一站式”场所；之后24小时内通知检察机关工作人员，并向其说明案件的具体情况；接到通知的工作人员同时联系医疗部门、心理辅导工作者等相关人员，约定到达办案场所时间。对于情节严重的案件，要求公检共同商定案件的侦查方案、询问方案等，并通过立法确定检察机关对公安部门的侦查和提问等程序有权提出改进意见，包括下发通知书等，在特殊情况下，检察官有中止询问的权力。

此外，检察机关还承担着协调角色，例如对身体遭受损害的未成年被害人，及时联系医疗机构对其进行人身救治；对需要进行心理疏导的未成年被害人，及时为其联系心理专家；与中小学合作，积极开展未成年人性侵害防护主题教育活动等。

2. 打造专业化办案队伍

部门之间协调配合能力的提升离不开专业化队伍的建设。“一站式”办案机制是制度层面的内容，而具体的落实和实施要由工作人员进行，故建立专业的办案团队至关重要。

首先，工作人员需进行专门的理论培训，以深刻认识到保障未成年人利益最大化的重要性和特殊性，同时在实际行动中要加强所涉部门之间的协调沟通，保障“一站式”办案机制各个程序之间顺利衔接。具体而言，办案人员流动性不应太强，场所变更也不应太过频繁。对于涉及未成年被害人的性侵案件一律由“一站式”办案中心办理，切实落实对未成年人询问工作的同时，还要做到全面救助被害群体、保障隐私的要求。当然，不论“一站式”办案中心的地点设置在何处，在选址的过程中应注意场所的秘密性以及名称的中性化，防止前往该场所的未成年人被贴上特殊标签，以致后续带来污名化和产生羞耻感[①]。

其次，“一站式”办案机制对于队伍建设提出了更高要求，需要持续推进办案队伍的专业化建设。目前，检察机关未检队伍的专业化建设已初见成效，但目前仅有少数地区开展未成年人警务建设工作，其发展仍处于初级阶段[②]。应当在公安系统内部建立健全未成年人专案专办制度。未成年人系特殊群体，专案专办有利于更加全面、高效开展工作的同时，最大程度保障未成年群体的合法权益。可在各基层派出所抽调熟悉未成年人生理、心理特点，适合办理未成年人案件、经验丰富的人员组成办案组，并应保证有女性人员，以此推动未成年人警务专业化。

再次，还应当吸收律师队伍进入机制，他们的主要职能是有针对性地帮助未成年人，为其提供法律援助。由于受害人主体的特殊性，对律师在耐心、专业化询问等方面提出了较高要求，律师们需要熟悉其心理状态，并掌握一定的心理学、教育学等相关知识，结合未成年人的具体情况，切实维护性侵害未成年被害人的利益。

最后，未成年被害人的心理问题还需要专业人员予以化解，这就要求建立一支专业化的心理咨询团队。可以将性侵害案件未成年被害人的心理援助作为重点社会保障工程，具体实施时可建立相关机构，专门负责被害群体的心理治疗。专门机构收到司法机关的委托或者未成年被害人及其近亲属的求助后，及时派员到达现场对未成年被害人进行有效的心理疏导和心理治疗。至于专门机构开展心理咨询和心理救助的经费，可由各地政府统筹拨付当地“一站式”保护机构，由其管理发放。

---

① 杨雯清：《论我国“一站式”办案机制的功能偏差现象及其纠正》，载《汕头大学学报（人文社会科学版）》2022 年第 10 期，第 27 页。

② 苑宁宁：《未成年人司法的法理证成与本土建设研究》，载《河南社会科学》2020 年第 10 期，第 87 页。

（三）细化相关询问规则

由于被害人主体和犯罪类型的特殊化，被性侵害的未成年人一般在心智方面相对不成熟，认知和表达能力也低于一般未成年群体，上述问题要求办案人员在具体办理案件过程中创新办案手法，最大程度保障未成年群体的合法利益。询问过程中，应当体现办案人员的专业性和规范性，发挥“一站式”办案机制的最大效用，最大程度降低对未成年人的伤害。目前全国已经在试点“一站式”办案机制的检察机关不断增多，且大多数在办案中要求遵循一次性原则，并根据相关方案制定了实施细则。其中，宁波市鄞州区检察院的做法值得借鉴，其主要实施方案如下：将被害人根据认知、表达能力的不同而非实际生理年龄分为2—6周岁、7—11周岁、12—18周岁三个年龄段，根据不同年龄段的群体制定不同的询问方案，同时在询问过程中根据未成年被害人的具体情况分别制定个性化的询问规则①。在遵循一次性询问原则的基础上应全面、有针对性地询问，且一次性询问原则的本质含义并非只能对未成年被害人询问一次，询问的根本目的依然是为了更加全面、准确地收集证据，故特定情形下可灵活变通。

在具体询问中应当注意以下几点：首先，询问前要做好准备工作，提前与未成年人的法定代理人沟通，明确告知在询问过程中不得实施打断、插话等影响正常询问进程的行为，在询问的过程中完成未成年人的背景调查，包括近期的身体状况、心理状态、学习状态等。在正式向未成年人询问案件事实情况前，可以适当谈论一些看似与案件不相关之信息来达到了解被害人、寻找共同话题、建立亲密关系的目的。此外，办案人员在具体询问过程中应注意说话的语气和方式，适当对其进行鼓励并向其耐心陈述积极配合询问对于

① 王晓青、单旭丹、刘昊等：《未成年被害人“一站式”办案模式专家论证会综述》，载《青少年犯罪问题》2019年第3期，第117－118页。

侦破案件的积极作用，通过办案人员和未成年被害人的沟通，可以大致了解其语言习惯、智力水平以及受伤害程度。其次，与未成年人之间的询问方式也应当有所创新，具有针对性，比如尽量不提问答案为是与不是的僵硬问题，因为这种是不是、有没有的设问方式会导致未成年人产生局促不安的情绪，可以多采用开放式提问，激起未成年人的自由回忆，有利于其全面、客观地还原案件，也增加了其陈述的可信度。最后，办案人员在询问未成年被害人时还应当观察其肢体语言，通过其肢体语言表达出的信息及时调整自己的询问方案。同时，办案人员也可以充分利用肢体语言与被害人交流，比如给予肯定的眼神、点头、随时记录等肢体动作给予其鼓励，据此获得他们的信任和依赖，有利于询问的顺利进行。

数字未检促进未成年人综合司法保护研究

——以事实无人抚养儿童保障制度为例

贾双如　蔡健楠*

一、引言

困境儿童是儿童中的特殊群体，做好困境儿童关心关爱工作事关增进民生福祉，事关社会和谐稳定。习近平总书记强调："对儿童特别是孤儿和残疾儿童，全社会都要有仁爱之心，关爱之情，共同努力使他们能够健康成长，感受到社会主义大家庭的温暖。"① 检察机关作为国家法律监督机关，在未成年人保护中担负着重要的职责。让大数据赋能未成年人检察监督，是让"数字革命"引领未检工作现代化、推进未成年人检察工作高质量发展的有力手段。

事实无人抚养儿童也称"事实孤儿"，是指父母双方均符合重残、重病、服刑在押、强制隔离戒毒、被执行其他限制人身自由的措施、失联情形之一的儿童；或者父母一方死亡或失踪，另一方符合重残、重病、服刑在押、强制隔离戒毒、被执行其他限制人身自由的措施、失联情形之一的儿童，是困境儿童中的特殊群体。

本文聚焦事实无人抚养儿童保障工作推进过程中产生的实践难

* 贾双如，黑龙江省鹤岗市人民检察院第七检察部主任；蔡健楠，黑龙江省鹤岗市人民检察院第七检察部科员。

① 2014 年 1 月 26 日至 28 日习近平赴内蒙古调研看望慰问各族干部群众时的讲话。

题，充分利用大数据与云计算，梳理类案数据，构建大数据法律监督模型，让大数据赋能事实无人抚养儿童保障制度，将“个案办理”转变为“类案监督”，通过大数据加强“六大保护”之间的联系协作，推动事实无人抚养儿童保障机制的进一步完善。

二、在个案办理中发现类案问题

（一）个案概述

2020年，鹤岗市人民检察院接到一通未成年人权益保护热线电话。15岁的小乐（化名），父亲已去世多年，母亲处于失联状态，他的奶奶也在一年前离世，陷入无依无靠的困境，生活亟须帮扶。因此，小乐的亲属于大娘通过未成年人权益保护热线向鹤岗市人民检察院寻求帮助。接到线索后，未成年人检察干警与民政部门一起到小乐就读学校进行实地调查走访，并前往小乐居住地向其邻居核实小乐母亲长期失联且无有效身份信息这一情况。确认小乐符合“事实无人抚养儿童”认定条件后，民政部门将小乐录入全国儿童福利信息系统，小乐可领取每月生活补贴直至18岁成年或者完成学业。

（二）类案问题

对小乐的求助提供帮助及对其他案件进行总结之后，检察机关发现，在实际办案中，存在因为监护人未做鉴定故难以判断其肢体残疾或精神、智力残疾等级，或是监护人拒不履行抚养义务或无抚养能力但无证明材料、认证文书，致使未成年人虽然实际上属于事实无人抚养儿童，但不满足《关于进一步加强事实无人抚养儿童保障工作的意见》中事实无人抚养儿童认定条件，因而无法获得社会保障的情况。面对此类情况，尽管检察机关、民政部门等单位能够帮扶主动求助的未成年人，但对于需要帮助却不知如何求助甚至不知道应该求助的未成年人，检察机关、民政部门等单位因不知情、未发现等原因也无法“主动出击”，致使这些未成年人陷入困境，无法得到救助和保障。

（三）大数据赋能事实无人抚养儿童保障制度

随着信息技术的飞速发展与国家大数据战略的深入实施，大数据、云计算等新兴技术逐渐被应用到各个领域，在经济社会高质量发展中彰显愈发重要的作用。近年来，检察机关以高度的政治自觉、法治自觉、检察自觉不断深入实施检察大数据战略，努力以数字革命驱动新时代法律监督提质增效，切实走好“个案办理—类案监督—系统治理”的数字检察之路。

在现实生活中，实际属于事实无人抚养儿童、但未进行或无法进行认定申请的未成年人群体并非个例，从未成年人群体中初步人工筛选出上述亟须帮扶的对象，是一项耗时耗力且容易遗漏的工作。主要原因有三点：第一，检察机关所掌握的困境儿童信息大多数由教育部门、社会公益组织提供，在办案过程中直接获取的未成年人数据信息较少；第二，民政部门主要依靠社区工作人员对未成年人信息进行调查核实，然而对于需要通过进一步帮助才能满足认定条件的未成年人，社区工作人员发挥的作用有限；第三，直接接触未成年人的志愿者对相关保障制度的了解程度不一、对未成年人的监护人情况描述不够规范，无法直接从其提供的信息中判断该未成年人是否符合事实无人抚养儿童认定条件。因此，构建大数据法律监督模型对初步筛选事实无人抚养儿童信息具有重要作用。

三、梳理类案数据构建事实无人抚养儿童大数据法律监督模型

（一）确定大数据法律监督模型的建设方向

面对如何帮扶前文所述的未成年人群体、如何进一步落实事实无人抚养儿童保障制度等实践难题，检察机关通过加强与教育部门和社

会公益组织等机构的沟通联系，基于教育部门、社会公益组织、志愿者团体等机构所提供的困境儿童信息数据，依托大数据与云计算，从事实无人抚养儿童的定义出发，设置筛选条件与关键词，建立大数据法律监督模型。通过大数据模型的智能化分析，更好地对困境儿童信息数据进行分析研判，节省下原本在初步筛选阶段可能会浪费的时间、人力、物力，同时也不会漏掉亟须帮扶的未成年人，从而对身处困境的未成年人进行更有力的帮扶和司法救助，达到事半功倍的效果。

（二）大数据法律监督模型的筛选流程

首先，检察机关加强与教育部门和社会公益组织等机构的沟通联系，由其提供所拥有的困境儿童信息数据，并按照模型筛选条件对信息数据进行梳理。其次，以事实无人抚养儿童的认定条件为主要筛选标准，对困境儿童数据信息进行系统筛查，得出能够直接认定的信息数据。以需要补充父亲或母亲一方信息、父母具有残疾或精神、智力残疾但未做鉴定、处于失联状态等情况设置筛选条件，将满足该筛选条件的数据输出为三个“待核实”表格。再次，由检察机关、公安机关、民政部门、社会公益组织多方合力，以实地走访、人工核实、申请鉴定等方式补充完善未成年人父母信息，并对需要民事支持起诉的未成年人提供司法保护。待数据得到完善后，重新代入模型进行筛选。最后，将模型筛选得出的事实无人抚养儿童数据信息，通过制发检察建议、线索移送等方式督促民政部门对筛选出的事实无人抚养儿童进行核实认定。

（三）大数据法律监督模型的具体筛选方法

事实无人抚养儿童大数据法律监督模型主要是从事实无人抚养儿童的定义出发，对收集的困境儿童数据信息进行归纳分类，大致确定该模型主要输出四种表格，即事实无人抚养儿童表格、父母情况表格、父母去向信息表格、父母残疾信息表格。其中，后三种表格为待核实表格，需要进行人工调查核实，以便进行下一步帮助与保障。

1. 筛选事实无人抚养儿童

将教育部门、社会公益组织等机构提供的困境儿童信息合并得到总表格，以死亡、重残、重病、服刑在押、失联或失踪为筛选条件，过滤得到父母绝对满足事实无人抚养儿童的数据，去重后输出“事实无人抚养儿童表格”。例如，模型输出的“事实无人抚养儿童表格”中有一名疑似事实无人抚养儿童小英（化名），其父亲多年前因病去世，其母亲则是检察机关办理的一起故意杀人案的被害人，因此小英符合事实无人抚养儿童定义，被输出至该表格。

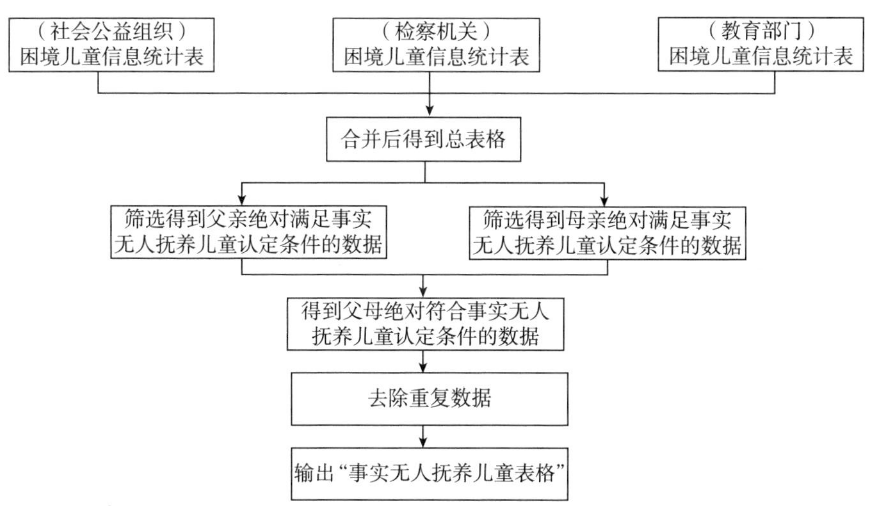

2. 筛选“疑似”事实无人抚养儿童的未成年人

在总表格中以死亡、重残、重病、服刑在押、失联或失踪为筛选条件，分别筛选出父亲或者母亲一方绝对满足事实无人抚养儿童的数据，再从该数据中筛选获得另一方监护人无残疾等级鉴定、无重病证明的数据；此外，在总表格中筛选得到父母均需调查核实的数据，与之前的数据进行汇总，去重后输出“待核实—父母残疾情况表格”。例如，小玉（化名）的父亲符合认定条件，母亲残疾，但因其母亲无残疾等级鉴定，因此小玉被归纳到“待核实—父母残疾情况表格”。

“待核实—父母去向情况表格”“待核实—父母信息表格”筛选过程同上，筛选条件分别为“监护人失踪/失联无证明”“未填写监护人信息情况”。例如，在 2024 年年初，大数据法律监督模型从困境儿童数据中筛选出 5 名监护人失踪/失联且无证明的未成年人形成了“待核实—父母去向情况表格”。

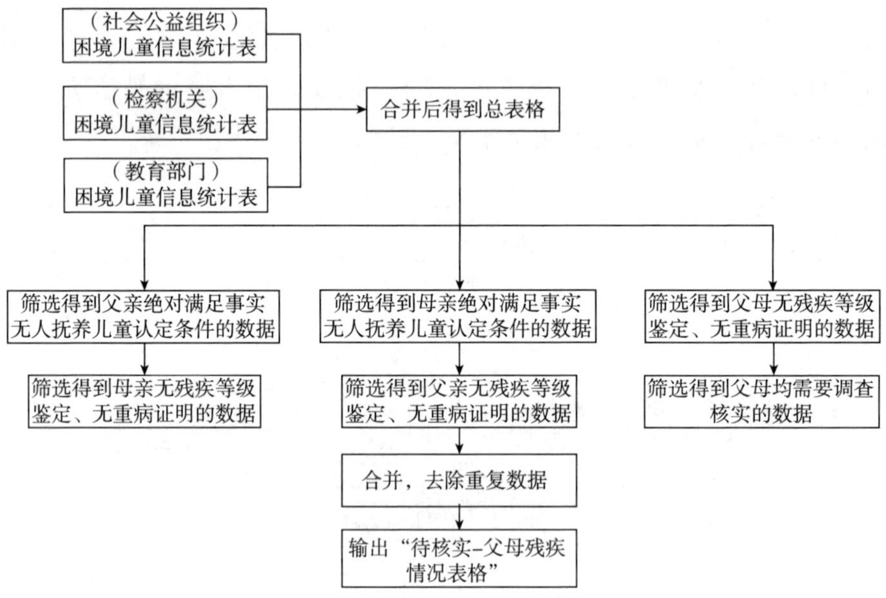

3. 人工走访调查核实

对“待核实”状态下的三个表格，由检察机关、公安机关、民政部门、社会公益组织多方合力，以人工核实、申请鉴定等方式补充完善未成年人父母情况，并由检察干警对需要民事支持起诉的未成年人进行核实确定，提供司法支持。待数据得到完善后，重新代入模型进行筛选。例如，检察机关通过制发线索移送函，将小玉的情况移送至民政部门，民政部门确定其监护人没有残疾人证后，便陪同其前往医院进行残疾等级鉴定，经鉴定小玉的母亲精神残疾四级，符合认定条件。又如，“待核实—父母去向情况表格”中的 5 名未成年人，在志愿者确认其父母情况基本属实后，检察机关与公安机关进行沟通联系，公安机关进行核实后，为5名未成年人开具了失联证明，以便民政部门顺利对其进行下一步认定工作。

4. 线索移送

将在大数据法律监督模型中通过上述步骤筛选得出的符合事实无人抚养儿童的结果，由检察机关通过移送线索或制发检察建议等方式督促民政部门对新增加的事实无人抚养儿童进行认定。例如，检察机关通过制发检察建议，建议民政部门做好“事实无人抚养儿童表格”中包括小英在内的19名未成年人的资格确认工作，及时对尚未认定的事实无人抚养儿童进行认定，将其纳入救助保障范围。民政部门经核实后，发现有9名事实无人抚养儿童尚未认定，于是立即对其进行认定并将情况反馈检察机关。

四、大数据法律监督模型构建中的问题及解决对策

（一）面临的问题

1. 检察机关掌握的未成年人信息数据量小

事实无人抚养儿童大数据法律监督模型建立之初，数据来源仅是检察机关自身所掌握的未成年人及其监护人的信息。由于这些信息来自检察机关办理的“四大检察”案件，因此数据量过小，且具有零散化、片面化等局限性。如果仅依靠这些信息，大数据法律监督模型能够发挥的作用微乎其微，模型也将失去建立的意义。

2. 收集到的未成年人数据信息缺少规范性

事实无人抚养儿童大数据法律监督模型建立并重新细化筛选关键词后，检察机关将教育部门、社会公益组织、志愿者团体等提供的未成年人数据信息代入模型进行筛选，结果仍旧不甚理想。经分析发现，输出结果不甚理想的原因是收集的未成年人数据信息缺少规范性。例如，将未成年人父母情况描述为“父母残疾”或仅有“残

疾”一词，而未说明是谁残疾等。这导致大数据法律监督模型无法精准地识别判断此条未成年人信息数据中父亲与母亲分别是什么情况，因此产生纰漏。

3. 大数据法律监督模型筛选条件不足

在大数据法律监督模型初步建立时，检察机关以事实无人抚养儿童的认定条件为筛选标准，对数据进行初步筛选，结果发现筛选关键词设置过于单一，如未成年人父母死亡的关键词仅设置了“死亡”，未能考虑到志愿者在描述未成年人父母情况时可能会用“去世”“离世”等词，导致输入的表格数据不全，许多符合条件的未成年人数据未能进入“事实无人抚养儿童表格”，使得大数据建模的目标难以实现。

（二）解决对策

1. 加强联动协作

检察机关应当尝试加强与未成年人群体的生活、教育、家庭等相关单位组织之间的联系协作，与他们共同成为大数据法律监督模型的数据提供者，增加事实无人抚养儿童与困境儿童信息数据量。例如，鹤岗市检察机关联合市教育局等机构共同成为模型数据提供者，同时加强与鹤岗市手牵手孤困儿童志愿服务中心等社会公益组织的沟通，增加了补全未成年人数据信息的帮手，极大程度上丰富了困境儿童信息的来源渠道。

2. 细化表格内容

检察机关应当与提供数据的单位组织强化沟通，进一步细化表格，将未成年人数据信息中的“家庭状况描述”由原来的一栏分离为“父亲情况”“母亲情况”“家庭情况”三栏。此外，还可以将未成年人父母情况进行更详细的划分，增设“失联/失踪是否有证明”“精神、智力残疾是否有等级鉴定”“肢体残疾是否为一级残疾或二级残疾”“重病是否有证明”等信息列，提升表格填写的规范性，以便事实无人抚养儿童大数据法律监督模型更好地识别输出未成年人数据信息。

3. 重设模型逻辑

检察机关还要对事实无人抚养儿童的认定条件和困境儿童的家庭情况描述信息进行深入研究，重新设置大数据法律监督模型的运行逻辑，由原有的“关键词筛选”运行逻辑转变为“关键词筛选+条件筛选”运行逻辑。例如，未成年人红红（化名）的父母情况为“母亲去世，父亲去向不明”，此时只需要在“父亲失联/失踪是否有证明”下填写“是”或“否”，在“母亲情况”下填写“去世”，这条数据就会经过筛选归纳到“事实无人抚养儿童表格”或者“待核实—父母去向情况表格”中，避免了仅由关键词筛选可能产生的不足。

五、事实无人抚养儿童大数据法律监督模型对未成年人保护社会治理的促进作用

（一）从“小细节”入手，推动领域“大发展”

小乐的案例虽系个案，但检察机关并未就案办案，而是从该案的线索来源出发，聚焦事实无人抚养儿童认定过程中容易被忽视的条件问题，提炼事实无人抚养儿童认定关键词，运用大数据与云计算手段，将数据代入大数据法律监督模型进行碰撞、比对，筛选出需要的信息。让问题在“个案办理”中转变为“类案监督”，以数字革命推动事实无人抚养儿童保障机制的进一步完善，进一步落实《关于进一步加强事实无人抚养儿童保障工作的意见》。

自2023年模型研发至今，检察机关通过制发检察建议等方式，督促民政部门做好事实无人抚养儿童保障资格的确认工作，对尚未认定的事实无人抚养儿童尽快进行核实认定，进一步落实事实无人抚养儿童保障制度，推动社会治理。目前，已有25名事实无人抚养儿童被民政部门认定并享受补助。

（二）从“被动接受”局面向“主动出击”转变

在事实无人抚养儿童大数据法律监督模型建立前，检察机关虽然具备从涉未案件中发现事实无人抚养儿童的线索敏锐性，也能够对主动向检察机关求助的未成年人及时启动司法救助程序。但面对不知可以求助、如何求助的未成年人，迫于时间、精力等条件约束，检察机关很难及时、迅速作出反应，对其开展民事支持起诉或进行司法救助，只能处于“被动接受”的消极状态。

大数据法律监督模型的建立，有效减轻了检察机关面对初步筛选海量数据的工作负担，极大程度上缩减了检察机关对未成年人民事支持起诉、司法救助的反应时间，有力地扭转了检察机关“被动接受”的局面，让检察机关面对未成年人监护人失联、监护人无抚养能力等疑难问题，“主动出击”发挥检察机关上下一体、内部联动等优势，通过纵向分析指导、横向线索移送等工作机制，将筛选过程中发现的疑似事实无人抚养儿童线索交由管辖基层院进行核实。在核实过程中，对发现的民事支持起诉线索进行法律监督，并将司法救助线索同步移送至综合业务部进行救助，“主动出击”为未成年人提供司法保护。截至目前，鹤岗市检察机关已借助大数据法律监督模型，对筛选出的6名未成年人依法开展民事支持起诉，保护其合法权益，对2名未成年人进行司法救助，帮助其尽快走出生活困境。

（三）优化外部联动协作机制，形成监督规模效应

一方面，支撑事实无人抚养儿童大数据法律监督模型的数据信息主要来源于鹤岗市人民检察院与鹤岗市教育部门、社会公益组织等单位机构，在多方的协同配合下，实现了司法案件信息、社会公益信息等海量重要数据的共享与互通，事实无人抚养儿童大数据法律监督模型得以构建。

另一方面，事实无人抚养儿童大数据法律监督模型的构建，有效

整合了未成年人民事保护、行政保护、司法保护、社会保护等多方资源，推动实现了未成年人检察数字监督的跨部门大数据协同办案目标。例如，检察机关积极与本地公安机关、民政、公益组织等多方通过实地走访、开具失联证明、申请鉴定等方式，合力补充完善疑似事实无人抚养儿童的相关信息。通过“一事一议”制度，跨地市沟通协作，与外地司法机关合力解决认定过程中遇到的核实监护人身份、调取法律文书等疑难复杂问题，让大数据为未成年人综合司法保护、社会治理“站岗”。

目前，模型助力、各方协作推动认定的事实无人抚养儿童人数仍在增加，经过黑龙江省、鹤岗市的新闻媒体对检察机关、社会公益组织等多方协作帮助事实无人抚养儿童事迹的宣传，越来越多的公益组织、社会团体对事实无人抚养儿童群体报以了更多关注，“办一案、牵一串、治一片”的监督规模效应已经形成并正在发散。

六、结语

我国2020年就已开始全面实施事实无人抚养儿童保障制度，如何将该保障制度进一步落实，让“应保未保”的事实无人抚养儿童都能够“应保尽保”“应保全保”，政府部门、司法机关、社会各方都在为此靶向发力、久久为功。

检察机关此次建立的大数据法律监督模型是对解决事实无人抚养儿童认定实践难题、落实事实无人抚养儿童保障制度的一次新尝试，是能够长期运用、持续发力的新途径、新选择。通过法律监督模型对未成年人相关信息数据进行分析研判与筛选选择，匹配关联到潜在的“应保未保”事实无人抚养儿童与困境儿童信息，以及亟须民事支持起诉或司法救助的未成年人数据，进一步强化未成年人监护监督，让未成年人群体在法治蓝天下健康成长。

未成年人涉娱乐场所犯罪成因及防治对策

——以S省X市B区检察院办理的未检案件为分析样本

李　杨*

《未成年人保护法》明确规定，营业性歌舞娱乐场所、酒吧、互联网上网服务营业场所等不适宜未成年人活动场所的经营者，不得允许未成年人进入。然而，近年来，未成年人涉酒吧、网吧、KTV问题时有发生，尤其是新出现的电竞酒店、点播影院、密室逃脱、剧本杀等新业态发展，导致未成年人涉娱乐场所案件多发。本文以S省X市B区检察院办理的未成年人涉娱乐场所犯罪情况与数据为基础和样本，分析未成年人涉娱乐场所犯罪的现状特点及动向，并从个人、家庭、学校、社会以及各个职能部门协作角度，就今后如何加强社会管理创新，防范未成年人进入酒吧、网吧、KTV、电竞酒店等娱乐场所，减少未成年人涉娱乐场所犯罪案件发生提供建议及对策。

一、未成年人涉娱乐场所犯罪基本情况

（一）未成年人涉娱乐场所犯罪现状

未成年人涉娱乐场所犯罪，是指未成年人进入酒吧、网吧、KTV、电竞酒店进行消费、住宿，以此类场所为犯罪地点，或以此类环境中

* 李杨，陕西省西安市碑林区人民检察院第六检察部检察官助理。

酒精、灯光、音乐为犯罪诱因而实施的一系列与娱乐场所相关的犯罪行为，多为因酒后失控引起的寻衅滋事、聚众斗殴、盗窃、抢劫等暴力、侵犯他人财产等犯罪，或为在封闭空间内因偶发矛盾引起的强制猥亵、侮辱、强奸、强迫卖淫等侵犯他人性自主决定权的犯罪。

近年来，S 省 X 市 B 区未成年人涉娱乐场所犯罪案件呈上升趋势。据该院出具的统计数据，截至 2023 年 12 月底，未成年人涉娱乐场所犯罪案件 75 起 127 人，此外当年还有 30 余名未成年人因未满刑事责任年龄等原因而免于刑事处罚。

（二）未成年人涉娱乐场所犯罪的特点

1. 未成年人涉娱乐场所犯罪案件数量和涉案人数呈上升态势，酒吧、网吧、KTV、电竞酒店成为未成年人群体涉案新动向

根据 S 省 X 市 B 区检察院的统计数据，未成年人涉娱乐场所犯罪作为一种新兴犯罪类型，在近几年才开始出现，但在其萌芽初期，B 区未成年人涉酒吧、网吧、KTV、电竞酒店犯罪案件比例已超过抢劫犯罪案件比例，且有不断恶化之势，必须引起相关部门重视和社会广泛关注。以 2021 年到 2024 年该院办理的涉娱乐场所未成年人犯罪案件为样本，个别 KTV、酒吧、电竞酒店多次违规接待未成年人，致使该区域内未成年人刑事案件高达 58 起，涉案未成年人 175 余人。

2. 外省籍未成年人数量多，职技校学生比重大

随着生活方式由传统型向现代型过渡，社会矛盾激化，大量剩余劳动力由农村涌向城市，以往的未成年人犯罪案件多以社会闲散人员及非本地户籍未成年人为犯罪主体，这些人员法制观念淡薄，在物质诱惑下，犯罪动机增强，犯罪可能性相应增加。而由于未成年人涉娱乐场所案件发生地点大多属高消费场所，更多追求时髦、具有一定经济能力的在校学生（尤以厌学情绪严重、不良习性居多的在校生为多）纷纷涌向酒吧，泡吧已成为未成年人群体的新动向。以 B 区为例，一起涉酒吧案件的 11 名犯罪嫌疑人中，未成年人 9 人，

其中本市未成年人 6 人占 67%，在校生 4 人占 44%。而外来人员在缺少消费能力和娱乐时间的前提下，往往不会以酒吧作为娱乐地点，即便进入酒吧，也多是因本市同伴相邀而往。

3. 未成年罪犯主体大多缺少家庭关怀，精神世界贫乏

据调查发现，这些涉案在校生的抚养监护情况和平时表现具有相似性，均缺少父母关爱和照顾，父母的教育方式存在一定问题。缺乏家庭温暖和良好家教的未成年人往往内心空虚、孤独，没有树立正确的道德观、价值观和法治理念，极易受社会不良风气影响，并对酒吧、网吧、KTV、电竞酒店等娱乐场所充满好奇，渴求在泡吧、电竞酒店等小团体中寻求归属感和刺激感，这种高关注和热情一开始就为日后犯罪埋下了隐患。

4. 犯罪案件类型相对集中，犯罪动机简单，且结伙作案，偶发性与预谋性并存

未成年人涉娱乐场所犯罪案件多表现为聚众斗殴、寻衅滋事、盗窃、抢劫等危害社会公共秩序的暴力犯罪和财产犯罪，个别涉及性犯罪。涉案未成年人心智尚不成熟，犯罪原因相对简单，多是以争风吃醋或生活中的误会、摩擦为导火线，因酒精引起精神兴奋和冲动而在推搡中情绪失控，以致演变成聚众斗殴、寻衅滋事、故意伤害等暴力犯罪，给社会公共秩序带来较大隐患。在 B 区发生的三起案件中，一起是两伙未成年人因在酒吧楼下发生口角进而升级到聚众斗殴，一起系犯罪嫌疑人以介绍工作为名，将受害人骗至酒吧并抢劫其苹果手机，一起系两伙未成年人因争风吃醋而在酒吧内约架，到酒吧外拳脚相向。大部分涉案人是定期去酒吧娱乐消费的在校学生，他们在酒吧中结识与其兴趣相投的同伴，相互利用、相互壮胆，酒后临时起意的偶发性犯罪与事先分工踩点的预谋性犯罪并存。

5. 涉案酒吧、网吧、KTV、电竞酒店等娱乐场所环境恶劣，不良地点成为犯罪幕后推手

酒吧、网吧、KTV、电竞酒店业主往往利益至上，“酒托”“充

场”“违规接纳未成年人住宿”违法现象严重。B区许多娱乐场所为提高竞争力、增加盈利，均存在“酒托”“充场”情况，违反法律规定允许未成年人进入酒吧、电竞酒店，甚至向其出售烟酒、笑气，将大批未成年人引入酒吧、电竞酒店这一犯罪高危场所。此外，部分未成年人涉酒吧、电竞酒店犯罪案件还具有低龄化、女性犯罪数量增多的特点。

（三）未成年人涉娱乐场所犯罪带来的危害与警示

酒吧、网吧、KTV、电竞酒店等娱乐场所的设备、环境、节目等均系为成人娱乐设计安排，人员结构复杂，未成年人出入此类场所存在多种危害和隐患。未成年人常去酒吧、网吧、KTV会刺激对酒精、毒品的不良需求，影响身体的健康发育。未成年人接触酒精的年龄越小，越容易对酒精产生依赖性，去酒吧消费的次数也会增加，酒精对身体器官（尤其是肝脏）的危害日益加深。这些进入酒吧消费的未成年人绝大部分对酒精的危害缺乏了解，甚至一无所知，纯粹为了满足好奇心或是对成人、其他同伴行为的模仿，将此举作为其成熟的外在象征，盲目追求精神刺激，以此发泄内心不满和压力。更有甚者，为了能支付酒吧消费，不择手段，通过偷窃、抢夺、敲诈勒索等方式获取钱财。同时，由于辨别能力低、戒备心理弱，常去酒吧也易使未成年人混入不良团体，形成群体交叉感染，甚至成为成年人的利用对象，受其诱惑教唆，学习新的犯罪方法并实施其他犯罪。同时，这种泡吧的不良行为会在同龄学生中产生负面影响，破坏学校风气和正常的学习秩序。

二、未成年人涉娱乐场所犯罪成因分析

（一）未成年人成长时期生理及心理特征复杂

未成年人，尤其是14—18岁的未成年人，正处在生理上的发育

期、心理上的“断乳期”、行为上的“叛逆期”。这一时期，青少年的身体开始发育，荷尔蒙增多，生理的成长与心理成长具有不均衡性，情绪易敏感、激动，自控力差，辨别能力弱，逆反心理强，好奇心重，独立意识觉醒，对成人化的渴望性增强。未成年人在内心易形成一套自我逻辑和处事原则，对家人、长辈、学校的教导怀有逆反心理，对社会具有抗拒性，爱与同龄人相处，并形成小团体导致群体交叉感染。酒吧、网吧、KTV、电竞酒店等娱乐场所及其中的各类人群，满足了他们对成人世界的向往和想要融入的渴望，而酒精、音乐、舞蹈，甚至毒品、性交，则满足了他们强烈的好奇心及旺盛的荷尔蒙发泄需要。

（二）家庭教育缺失、功能失调

众所周知，家庭关系、父母的教育对未成年人的生理、心理成长乃至一生的发展都起着至关重要的作用。台湾学者张华保认为，成功的父母不仅要提供生活所必需的奶，也应提供孩子对生活感到愉悦的蜜。家庭破碎、父母不合甚至常起冲突，会影响一个家庭的和睦以及一个未成年孩子对家庭和社会关系应有的积极态度。而重溺爱、放任不管甚至虐待的不当教育方式，会使未成年子女形成自我中心主义，缺乏安全感，养成说谎、欺骗的习惯甚至产生逆反心理及反家庭、反社会态度，向外寻求归属感。而酒吧、网吧、KTV、电竞酒店等娱乐场所里的小团体能给缺少家庭关爱的孩子提供归属感和稳定感，弥补精神世界的空虚。同时，酒吧、网吧、KTV、电竞酒店等环境也给未成年人提供了一个发泄压力的渠道和场所。

（三）学校道德和法治教育不足，学生法治观念淡薄

在家庭之外，学校是未成年人获得知识、结识同伴、长大成人最主要的场所和来源。目前许多学校仍然片面强化智力教育及书本知识的掌握，忽视了对学生思想道德、体能、动手实践能力的培养。

尤其是道德教育的缺失和法治宣传的不足，使学生没有形成完整、正确的道德观、价值观，法律观念淡薄。同时，过高的学习压力和学校严格的教育和管理，易导致学生产生厌学心理，对前程和理想丧失信心，不利于未成年人身体成长和心理健康。未成年人与学校之间的联系逐渐减弱，甚至失去依附感，并最终远离校园，游荡在街头甚至混迹于包括酒吧在内的各个娱乐场所，选择在酒吧中寻求同伴及归属感。

（四）错误价值观的误导及不良文化环境的影响

经济的快速发展虽能带给人们丰富的物质资源，但许多传统的道德如守望相助、紧急救助却未能相应提升，反而面临挑战甚至日渐瓦解，而新的道德观、价值观尚未完全建立，造成社会文化失调的现象。爱慕虚荣、拜金主义、享乐主义等非主流价值观开始盛行，未成年人因此感到迷惑，言行失当。这些非主流价值观的影响和未成年人的盲目跟随，都对涉娱乐场所犯罪产生了深厚的影响。

三、防治未成年人涉娱乐场所犯罪的建议

（一）加强娱乐场所行业自律

针对酒吧、网吧、KTV、电竞酒店等娱乐行业的特殊性和复杂性，预防未成年人涉娱乐场所犯罪需把娱乐场所行业自律摆在首位。从法律规定来看，相关条文均明令禁止未成年人进入不适宜其活动的场所，并禁止其向未成年人出售烟酒。首先应加强对经营者的管理，统一规范，加大监管力度和普法力度，打击援交、充场、酒托诈骗的幕后黑手。同时，严格要求娱乐场所在醒目位置张贴如“未成年人不得入内”“禁止吸毒”等警示标语，在醒目位置设置不向未成年人出售烟酒的标志，并在标语上注明主管部门及联系方式，便于投诉举报，群众集体监督。对于难以判定顾客是否成年的，应当根据

《未成年人保护法》《预防未成年人犯罪法》等有关规定，要求其出示身份证件，以有效预防和减少犯罪的发生。

（二）改善家庭、学校教育方式，提高未成年人对娱乐场所、酒精药物的认识，普及相关法律知识

家庭，尤其是父母，要给未成年人营造一个温馨的家庭环境，让未成年人在家庭及社会关系中感到愉悦、舒适。父母首先要规范自己的行为习惯，避免给未成年子女树立不良榜样。其次，给予子女充分的关怀和照顾，顾忌子女对父母教育方式的态度和感受。最后，注重德育、智育，协助其建立正确的道德标准、价值观念。应当注意采取和平、民主的方式与孩子沟通交流，关注孩子内心的想法，学会倾听和尊重，适当指导，切忌说教，注重未成年子女的全面发展。

学校应改善升学主义教育，践行全面发展的素质教育，在推行德智体美劳全面发展的同时，尤其要注重法治教育宣传，应当聘任从事法制教育的专职或者兼职教师，并开设普法宣传栏，举办各种讲座，提高学生法律素养以及对自己行为的预测性。教师应实行人性化教育和管理，对学生一致对待，不偏爱不歧视，多与学生沟通交流，坚决杜绝体罚。学校给予学生的应是辅导而非管制，以循循善诱的方式、辅导咨询的方法，取代说教式、管教式的处置。为更好地了解学生的状况，学校可以设立心理咨询室，关注学生内心的健康发展，并常做家庭访问，以了解学生行为的社会家庭因素。同时还要整治周边环境，为学生学习生活创造一个安静、健康的整体环境。

与此同时，家庭与学校都应对涉娱乐场所犯罪引起重视。依据《预防未成年人犯罪法》的规定，未成年人的父母对法制教育负有直接责任，学校在对其进行预防犯罪教育时，应当将教育计划告知未成年人的父母或监护人，未成年人的父母或监护人应当结合学校计划，针对具体情况进行教育。针对未成年人涉娱乐场所这类犯罪，不仅要注重对未成年人的普法知识教育，更要加强对未成年人酒精、

医药知识的辅导。未成年人之所以选择酒精、药物，大多是出于以下原因：逃避现实压力；遭受挫折后产生消极态度，通过酒精、药物的麻痹作用寻找幻境；充满好奇心理，寻找刺激；独立成熟心理作祟，产生反抗心理；社会因素中交友不慎，群体中相互学习，为表示相互认同与接纳而相互模仿。家庭和学校应对未成年人普及酒精、药物的基本知识，并使其对酒精、药物的危害有清醒的认识，向其敲响警钟。同时，具体分析未成年人选择酒精、药物的原因，从根源着手，杜绝此类现象发生。

（三）加大社会关注和监督力度，树立正确价值观，建立、开放免费的公共文化、娱乐场所

未成年人对酒吧、网吧、KTV、电竞酒店等娱乐场所的性质认识不清以及法律意识淡薄是其犯罪的重要原因。许多未成年人进入此类场所只是盲目随大流，对此学校与社会应引起关注，加大对未成年人的法制教育。同时，随着社会快速发展，出现了一些偏离主流价值观的亚文化（如拜金主义、享乐主义、个人主义）。电视、网络媒体的高度发达，微博、博文帖子竞相传播，使人们盲目跟随，对社会风气造成不利影响。如何对未成年人的价值观进行引导，是亟须深思并解决的重要问题。

目前未成年人课后娱乐场所的选择较少，博物馆、科技馆偏枯燥，电影院、游乐场也都有一定收费要求，不适宜无收入来源、想获取课后放松的未成年学生。为了引导一种积极向上的娱乐取向，帮助未成年人树立正确的审美观、价值观，提高其精神需求标准，政府部门可出台相关政策，建立和开放一些免费的公共娱乐设施，改善社区环境。同时，社区可采用俱乐部、讨论小组和业余爱好小组等形式，发扬社区精神，帮助改善青少年课余文化生活状况，再造社区亲和力。还可定期举办有益身心、积极向上的各种聚会活动，减少未成年人通过酒吧寻找伙伴、刺激及归属感的需求，使其在一

个温暖、和谐的大环境中健康成长。

（四）明确牵头部门，界定分工，形成职能部门联动机制

首先要明确牵头部门，统一管理、避免分散，要界定分工，改变以往分工界限模糊、执行相互推脱的情况，并建立部门问责制，形成职能部门的联动机制。同时，建立酒吧、网吧、KTV、电竞酒店业等娱乐场所监管长效机制，避免间歇性查处带来的回潮现象。此外，还要定期组织娱乐场所经营者学习《未成年人保护法》《预防未成年人犯罪法》等法律法规，使其加强依法经营的意识。

工商部门推行业主备案制度，综合信息统计、收集和管理；劳保、人力资源、法制部门相互配合，定期对业主和管理人员进行培训，并进行普法教育。各职能部门定期联合检查，严厉惩治违反规定者。同时，还可发挥 12345 市民热线和 12315 工商举报热线的功能，把整治娱乐场所和预防未成年人涉娱乐场所犯罪真正贯彻到实处，全民遵守，全民监督。

（五）检察部门能动履职，扎实开展预防未成年人犯罪工作

1. “永宁春晓”未检品牌入驻社区未保站

结合 S 省检察院提出的检察机关线下进综治中心、线上进城乡社区的“双进”工作要求，2023 年 B 区检察院“永宁春晓”工作室先行入驻三家未成年人保护工作站，成为全市首家入驻未保站的未检品牌。以未成年人检察工作进驻社区、社工总站、救助中心为路径，通过检察与社区的深度融合互动，推动未成年人保护检察触角向基层延伸，推动未成年人保护领域形成合力，提升保护治理质效。同时，进一步完善“永宁春晓”未检工作室功能分区，创新开设“家庭教育指导室”及“心理疏导室”。依托“家长学院”制度开设“家庭教育指导室”，针对未成年人的家长宣传家庭教育十大原则等科学理念，力求从根源上减少未成年人犯罪诱因。针对涉罪未成年人的家长

进行面对面交流，剖析孩子犯罪成因、家庭成长环境影响及未成年人未来规划，帮助未成年人更好地融入家庭、回归社会，防止再犯。

2. 积极开展综合履职，探索综合治理新路径

2023 年 B 区检察院以行政公益诉讼立案，并与区未成年人保护领导小组办公室牵头，合力组成新业态领域专项治理工作领导小组，印发了《关于开展电竞酒店、点播影院、密室脱逃、剧本杀等新业态领域专项治理活动的方案》，根据各职能单位的职责，安排部署并全力推进专项活动。专项活动开展以来，B 区检察院召开多场公开听证会，邀请区文化广电旅游局、区市场监管局等行政机关代表、专家学者、人大代表、政协委员担任听证员，向区交通局、区文化广电旅游局等单位制发了 5 份行政公益诉讼诉前检察建议，向区公安分局制发 12 份社会治理检察建议。专项行动开展以来，新业态领域专项治理工作领导小组通过实地走访、现场检查，对辖区内点播影院、电竞酒店、密室脱逃、剧本杀等近百余所新兴业态场所开展“扫楼”行动，逐个走访、逐人调查，建立基础台账。对于电竞酒店，重点围绕是否存在证照不齐经营、接纳未成年人上网、未如实登记入住人员身份信息、男女混住、违规向未成年人出售烟酒、食品经营活动未办理经营许可或备案，缺乏未成年人保护措施开展检查和整改；对于密室逃脱和剧本杀经营者，重点围绕是否存在侵害消费者合法权益，是否有消防安全隐患开展检查和整改；对于点播影院，重点围绕是否存在证照不齐，是否取得相关行业资质等问题进行检查和整改。通过专项活动，相关职能部门及时督促整改，积极采纳、全面落实检察建议内容，处罚辖区内点播影院、电竞酒店、密室脱逃、剧本杀等营业场所 32 余次，梳理出经常出入电竞酒店、夜不归宿的罪错未成年人 46 名。既落实了“加快推进市域社会治理现代化，提高市域社会治理能力”的要求，又进一步加强了未成年人全面综合保护工作，着力提升社会治理效能，促进电竞酒店、点播影院等新兴业态领域健康发展。

3. 拓宽法治宣传渠道，做优做实法治教育

B 区检察院依托“法治副校长”制度，采用“走出去、请进来”相结合方式，全方位多角度开展普法宣传活动，推动法治教育做优做实。一方面，部门干警积极“走出去”，借助开学季、六一儿童节等节点，采用模拟法庭、以案说法、国旗下讲话等形式，与同学们面对面互动交流，向同学们介绍检察机关职能和《未成年人保护法》《预防未成年人犯罪法》对未成年人的保护，通过公益宣传片和真实案例向同学们传授自我保护方法技巧，课程累计覆盖中小学生千余人。另一方面，将 B 区妇联代表、中小学校代表、学生家长代表、陕西省儿童心理学会代表“请进来”，开展了“检爱同行，共护花开”检察开放日活动，增进了社会各界对检察机关未成年人保护工作的了解和认识，并围绕如何促进未成年人“六大保护”协同发力开展座谈交流。

4. 实地走访，开展区域未成年人犯罪溯源治理工作

2024 年 4 月，B 区检察院联合区人民法院、区公安分局有关部门及相关街办，实地走访未成年人案件高发地，并就开展区域未成年人犯罪溯源治理工作进行座谈交流。就 2021—2024 年 B 区未成年人犯罪地点分布、主要犯罪地案发频次、案由等进行介绍，指出案件高发地具有人流量大、娱乐场所和民宿旅馆集中、监管不到位等特点，需多方联合发力，共同解决问题。要以未成年人犯罪溯源治理专项行动为抓手，通过沟通配合、联合监管、依法查处等方式，共同营造良好的法治环境，通过齐抓共管，优化未成年人犯罪高发地居住环境、规范电竞酒店及民宿经营市场活动，依法打击违法行为，从源头上减少未成年人违法犯罪，促进区域经济平安稳定发展。

检察机关在对侵害未成年人犯罪“零容忍”的同时，也将坚持树立能动履职、诉源治理理念，通过统筹、综合履行法律监督职能，努力实现守护未成年人健康成长和促进新业态健康发展的多赢效果，为未成年人健康成长撑起司法保护伞。

公共场所“当众”猥亵儿童及“情节恶劣”的司法认定

钱地虎　管佳茜*

《刑法修正案（十一）》对在公共场所当众猥亵儿童，情节恶劣的，规定处五年以上有期徒刑，即以猥亵儿童罪进行升格处罚。但司法实践中还存在“在公共场所当众”情节较为轻微，并未导致法益侵害性显著增加的猥亵儿童案件。对猥亵儿童行为，既要旗帜鲜明地彰显从严惩处，该定罪的必须依法定罪，同时也不能违背罪责刑相适应原则，对加重情节仍应审慎判断、适用，确保“罪”“罚”相当。[①] 司法实践中，对“当众猥亵”特别是“情节恶劣”这一加重情节的认定，存在一定争议，有必要予以辨析和厘清。

一、基本案情

2022年10月30日下午，犯罪嫌疑人戴某（男，66岁）在浙江省Y市某镇一村公园见王某（女，10岁）独自一人玩耍，遂将其哄骗到凉亭内，先是亲吻王某嘴巴，接着用手触摸、揉捏王某胸部，又将手伸进王某外裤揉捏王某阴部。经查看现场监控，发现案发时距离凉亭十米左右距离的地方，有两名路人经过，边上还有一个篮

* 钱地虎，浙江省乐清市人民检察院第九检察部副主任、一级检察官；管佳茜，浙江省乐清市人民检察院第八检察部检察官助理。

① 何莉、赵俊甫：《〈最高人民法院、最高人民检察院关于办理强奸、猥亵未成年人刑事案件适用法律若干问题的解释〉的理解与适用》，载《中国应用法学》2023年第3期。

球场，场内有十余名年轻人在打篮球，从篮球场可以看到凉亭内情况。

二、分歧意见

本案中，犯罪嫌疑人戴某是在公园凉亭中实施猥亵行为。因公园凉亭系面向社会大众的开放空间，对于犯罪嫌疑人戴某在公共场所猥亵儿童，司法实务中认识较为一致，但对本案中犯罪嫌疑人是否构成“当众猥亵、情节恶劣的”，司法实践中存在较大争议，主要有三种分歧意见。

第一种观点认为，戴某的行为属于在公众场所猥亵儿童，但不构成“当众猥亵”和“情节恶劣”。该观点认为，本案中的案发地虽为开放的公园凉亭，但案发期间仅有 2 名路人路过，且其他人均在距离凉亭十几米远的篮球场，案发现场仅有犯罪嫌疑人戴某和被害人，与其他人员存在空间隔离的情况，犯罪嫌疑人作案手段具有相对的隐蔽性，不宜认定为“当众”。此外，犯罪嫌疑人戴某的行为“在公共场所当众、情节恶劣”的具体情节应达到与其他几种法定加重情形相当的社会危害性，再予以升档，戴某的行为不属于情节恶劣。

第二种观点认为，戴某的行为属于在公众场所当众猥亵儿童，但不属于情节恶劣。该观点认为，根据最高人民法院、最高人民检察院、公安部、司法部2013 年 10 月 23 日发布的《关于依法惩治性侵害未成年人犯罪的意见》（以下简称《性侵意见》）第 23 条规定，[①] 在公共场所实施猥亵的，只要有其他多人在场，不论在场人员是否实际看到即可认定为当众猥亵。对“当众”的理解应做扩大解释，只要在场的众人是行为人实施猥亵地点的视线所及范围内，有随时

① 2023 年 6 月 1 日，最高人民法院、最高人民检察院、公安部、司法部印发的《关于办理性侵害未成年人刑事案件的意见》开始施行，2013 年《性侵意见》同时废止，涉及“当众猥亵”条文变更为第 18 条，内容无本质变化，因本案发生在新法施行之前，故本文仍以旧法规定予以表述。

被感知的可能即可，而不应主观臆断他人感知可能性的大小。但对于“情节恶劣”这一加重情节的认定，应结合作案手段、犯罪后果等客观情况单独予以综合判断，要坚持罪责刑相适应原则，防止量刑畸重问题。本案中，戴某所在的凉亭与篮球场虽有十余米距离，但在视线范围内，应认定为在公众场所当众猥亵，但戴某的猥亵手段较为平和、猥亵时间短，并未造成其他严重后果，其情节未达到如“猥亵多人、多次”等相当的社会危害性，不应认定为“情节恶劣”而予以升档加重处罚。

第三种观点认为，戴某的行为属于在公众场所当众猥亵儿童，情节恶劣。该观点认为，儿童性权利不可侵犯，在公共场所当众猥亵儿童本就属于猥亵儿童情节恶劣的种类之一。本案中，戴某主观上有猥亵儿童的故意，客观上其行为有随时被篮球场上众人感知的可能性和现实性，应认定为在公众场所当众猥亵，当然属于情节恶劣，属于法定升格情形，应予以升档，应被判处5年以上有期徒刑。

三、评析意见

笔者认同第二种意见，即犯罪嫌疑人戴某的行为属于在公众场所当众猥亵儿童，但不属于情节恶劣，应根据《刑法》第237条第3款的规定，以猥亵儿童罪处5年以下有期徒刑。

（一）“当众猥亵”的认定应以能否被多人感知为标准

刑法之所以将公共场所当众实施的强奸、猥亵等行为作为法定升格情节，正是因为性行为本身极其隐秘，一旦在公共场所当众实施，既是对被害人身心更加严重的伤害，也是对普通民众性羞耻心更加严重的侵犯，更是对社会公共秩序更加肆无忌惮的藐视，[①] 公共场所

① 钟芬、金昀：《猥亵儿童案件中“公共场所当众”的认定及适用》，载《青少年犯罪问题》2020年第1期。

当众犯罪根本指向对基本公共秩序的侵害性和社会公众影响的广泛性、恶劣性。[①]“相对公开性”是最高人民检察院在指导案例中提出的认定公共场所的标准。[②]在公共场所实施的性侵害犯罪，是否一律认定为当众猥亵，则需要根据具体案件进行分析，准确加以认定。

根据《性侵意见》第23条的规定，在“公共场所对未成年人实施强奸、猥亵犯罪，只要有其他多人在场，不论在场人员是否实际看到”，可认定为在公共场所“当众”实施强奸、猥亵。也就是说，在多人在场的公共场所实施猥亵行为的，均可认定为“当众猥亵”。对于“多人”的理解较为简单，根据常识和法律法规的文义解释，可以明确为3人（含本数）以上。但对于“在场”应作何种限度的理解，则是本案能否认定为“当众猥亵”的关键，如本案中案发时路过的行人以及相隔十几米的篮球场上的人，存在一定的时空间隔的情况下，能否认定为“在场”？对此，笔者认为应当结合《性侵意见》和“两高”发布的相关指导性案例的规定，作适当扩张性适用，其判断标准应当是相关人员是否具备感知的可能性。如果相关人员具备随时感知的可能，那么即使是现场短时路过或者间隔一定距离，仍然应当视为相关人员在场，犯罪嫌疑人实施的猥亵行为应当认定为“当众猥亵”。对此，《性侵意见》已将“公共场所当众”作出了广义上的理解。[③]这一认定规则也得到最高检指导性案例“齐某强奸、猥亵儿童案”（检例第42号）的确认，该案例中明确了只要行为人的行为处于随时可能被发现和感知的状态，不论在场人员是否实际看到，可认定为“公共场所当众”猥亵。具体到本案中，案发地视野开阔、案发当天天气晴朗，从篮球场角度无任何遮挡地可看到案发地凉亭，也就是说，犯罪嫌疑人戴某的行为随时可能被路过

① 董亚楠、王辉：《公共场所当众猥亵的判断》，载《人民司法》2021年第20期。

② 李琳：《〈刑法修正案（十一）〉中猥亵儿童罪加重情节的理解与适用》，载《现代法学》2021年第4期。

③ 姚建龙：《聚众或在公共场所当众猥亵儿童“情节恶劣”之辩正》，载《法学》2022年第6期。

人员和十余米外篮球场内人员发现，故应当认定为“当众猥亵”。

（二）“情节恶劣”的认定应当予以独立评价

我国刑法分则的大多数法条都规定了两个以上的法定刑幅度，故大多数犯罪都可以分为基本犯与加重犯。[①]《刑法修正案（十一）》基于从严惩治性侵儿童犯罪、最大限度加大对儿童保护力度的刑事政策考虑，对猥亵儿童罪增设了独立的法定刑，并对公众场所当众猥亵儿童犯罪升格处理，附加了情节恶劣的要求，对这一犯罪分别设置了基本犯与加重犯的处置规则，体现了刑法对猥亵儿童这一严峻问题的积极应对。《刑法修正案（十一）》为“在公共场所当众”增加了“情节恶劣”的限制条件，当“在公共场所当众”情节较为轻微时，可以排除适用，使司法机关免于陷入上述两难困境，为司法机关因案制宜、决定是否适用该加重情节提供了解释的空间，有助于猥亵儿童罪加重情节的准确认定。[②]但在司法实践中，司法机关在遇到争议情形时，容易出现对“在公共场所当众”以及“情节恶劣”随意认定的情况，往往基于最大限度保护儿童权利的需要，倾向于肯定加重情节的成立。

对猥亵儿童罪加重情节的理解和适用，应在遵循罪刑法定原则的基础上积极贯彻儿童利益最大化原则，实现对儿童利益的“最高限度保护”和对猥亵儿童犯罪的“最低限度容忍”。[③]这是因为，司法实践中存在“在公共场所当众”情节较为轻微，并未导致法益侵害性显著增加的猥亵儿童案件。[④]如果将被告人的行为评价为加重犯，则不仅违反禁止重复评价原则，而且导致量刑畸重，违反罪刑相适

---

① 张明楷：《加重情节的作用变更》，载《清华法学》2021年第1期。

② 李琳：《〈刑法修正案（十一）〉中猥亵儿童罪加重情节的理解与适用》，载《现代法学》2021年第4期。

③ 李琳：《〈刑法修正案（十一）〉中猥亵儿童罪加重情节的理解与适用》，载《现代法学》2021年第4期。

④ 李琳：《〈刑法修正案（十一）〉中猥亵儿童罪加重情节的理解与适用》，载《现代法学》2021年第4期。

应原则。[①] 也就是说，作为加重犯罪构成的法律条文，既是对严重犯罪惩处的重要法律依据，同时也是对司法机关自由裁量权予以合理限制的法律依据，具有在司法办案中予以独立评价的地位和作用，其目的是实现罪责刑相适应的法益保护平衡。也正如此，有学者认为，在将“情节”作为加重犯罪构成的条文中，其大都并不附加其他客观构成要件要素，而仅仅以独立的加重情形出现。[②]

（三）判断“情节恶劣”应当综合评估社会危害相当性

《刑法修正案（十一）》虽对公众场所当众猥亵增设了“情节恶劣”法定升格处罚要件，但对哪些情形属于“情节恶劣”以及认定的标准未予以明确，由此导致司法实践中对于“情节恶劣”的理解和认定难以统一，不利于此类案件的准确把握。有学者认为，对“在公共场所当众”的恶劣程度，应当以其对法益侵害的严重程度作为判断标准。[③] 其理由是：法益作为犯罪的本质，可以将刑法的处罚限制在对侵害法益的行为，是准确定罪和刑罚裁量的重要依据。猥亵儿童罪保护的表面法益是儿童的性自主权，根本法益则是儿童的身心健康。因此，对于在人数较多、儿童聚集活动的公共场所，被在场他人实际感知到或者被感知到的可能性较大的，一般对儿童身心健康的侵害较为严重，属于“情节恶劣”。上述观点具有一定合理性，但对于“情节恶劣”的认定还具有一定的片面性：一是仅以人数较多、儿童聚集活动的公共场所认定情节恶劣，具有不周延性，难以对实践中的复杂情形进行充分评价；二是以被在场他人感知或者被感知到的可能性较大作为认定标准，与“当众猥亵”的认定存

---

① 姚建龙：《聚众或在公共场所当众猥亵儿童“情节恶劣”之辩正》，载《法学》2022年第6期。

② 姚建龙：《聚众或在公共场所当众猥亵儿童“情节恶劣”之辩正》，载《法学》2022年第6期。

③ 李琳：《〈刑法修正案（十一）〉中猥亵儿童罪加重情节的理解与适用》，载《现代法学》2021年第4期。

在标准重复交叉，易导致实践中出现直接将“当众猥亵”认定为“情节恶劣”的情况，导致罪责刑不相适应的问题。

最高人民法院、最高人民检察院《关于办理强奸、猥亵未成年人刑事案件适用法律若干问题的解释》（以下简称《解释》）第7条和第8条，分别对《刑法》第237条第3款第（3）项规定的“造成儿童伤害或者其他严重后果”和第（4）项规定的“猥亵手段恶劣或者有其他恶劣情节”进行了列举式解释；但对于《刑法》第237条第3款第（2）项的“在公共场所当众猥亵儿童，情节恶劣”并未作出相应的解释。但上述第7条和第8条列举的几种情形，可以为司法实践中准确认定“情节恶劣”提供依据，如出现致使儿童轻伤以上、致使儿童自残自杀、对儿童身心健康造成其他伤害或者严重后果的，或者猥亵手段极其恶劣、有严重摧残、凌辱行为以及用其他恶劣手段实施猥亵或者有其他恶劣情节的，可以认定为“情节恶劣”。

此外，对于“在公众场所当众猥亵儿童，情节恶劣”的认定，应当在参考相关司法解释规定的基础上，结合案件具体情况，综合考量行为人的主体身份、猥亵手段、猥亵时长、被害人人数、猥亵次数、对被害人伤害大小、作案地点、对社会风尚的冒犯程度等①要素，综合评估行为人的社会危害相当性。即当行为人有以上具体行为或其行为手段的社会危害性达到其他几种法定升格条件相当的程度，其违法程度相当、法益侵害相当、可谴责性相当，则应当认定为“情节恶劣”。如采用暴力胁迫或金钱物质引诱等形式在公众场所当众猥亵儿童的，可认定其情节恶劣，应当予以法定升格，这也符合罪责刑相适应原则。随着犯罪形势的发展变化，猥亵行为也出现了多样化的情况，非接触性猥亵越来越多出现在司法实践中，隔空猥亵、网络性引诱等新型犯罪层出不穷。司法实践中，应根据案件具体情节，主要是对被害人人格尊严和心理健康造成严重侵害，且

① 杨洋、邹克、王文婷：《猥亵儿童罪中“猥亵行为”的认定研究》，载《青少年犯罪问题》2023年第4期。

与接触行为具有相等的“社会危害性”，准确认定“情节恶劣”。如在网络上直播猥亵，受众具有不确定性，可认定为“情节恶劣”。

综上所述，本案中犯罪嫌疑人戴某在公开开放的公园凉亭内通过用手摸儿童阴部、胸部等方式实施猥亵行为，存在被路过人员和邻近篮球场其他人员感知的较大可能性，其行为符合《刑法》第 237 条第 3 款第（2）项关于“在公众场所当众猥亵儿童”的规定，但鉴于犯罪嫌疑人戴某的猥亵手段较为平和、猥亵时间较短，也未被在场其他人员所感知，尚未造成其他严重后果，亦不具有其他从重情节，应根据《刑法》第 237 条第 3 款的规定以猥亵儿童罪定罪处罚，法定刑为 5 年以下有期徒刑。

四、处理结果

2023 年 2 月 10 日，Y 市人民检察院以被告人戴某涉嫌猥亵儿童罪，依法向 Y 市人民法院提起公诉，根据《刑法》第 237 条第 3 款规定建议判处被告人戴某有期徒刑 2 年 7 个月。同年 5 月 10 日，Y 市人民法院全部采纳检察机关指控事实和量刑建议，以被告人戴某犯猥亵儿童罪，判处有期徒刑 2 年 7 个月，现判决已生效。

指导性案例

关于印发最高人民检察院第五十批指导性案例的通知

高检发办字〔2024〕31号

各省、自治区、直辖市人民检察院，解放军军事检察院，新疆生产建设兵团人民检察院：

经2023年12月29日最高人民检察院第十四届检察委员会第十九次会议决定，现将“隋某某利用网络猥亵儿童，强奸，敲诈勒索，制作、贩卖、传播淫秽物品牟利案”等五件案例（检例第200—204号）作为第五十批指导性案例（未成年人网络保护主题）发布，供参照适用。

最高人民检察院

2024年2月22日

隋某某利用网络猥亵儿童，强奸，敲诈勒索，制作、贩卖、传播淫秽物品牟利案

（检例第 200 号）

【关键词】

未成年人网络保护　隔空猥亵　强奸　阻断传播　网络保护综合治理

【要旨】

对性侵害未成年人犯罪要依法从严惩处。行为人实施线上猥亵犯罪行为后，又以散布私密照片、视频相要挟，强迫未成年被害人与其发生性关系的，构成两个独立的犯罪行为，应分别认定为猥亵儿童罪和强奸罪。办案中发现未成年被害人私密照片、视频在互联网传播扩散的，检察机关应当及时协调有关部门删除信息、阻断传播。检察机关要能动发挥法律监督职能，积极推动各方协同发力，共同加强未成年人网络保护。

【基本案情】

被告人隋某某，男，2002 年 12 月 6 日出生，无业。

被害人刘某某，女，2009 年 2 月 27 日出生，学生。

2022 年 1 月，隋某某通过网络社交软件添加未成年被害人刘某某为好友，随后多次向刘某某发送淫秽视频，并威胁、诱导刘某某自拍裸照、裸体视频发送其观看。2022 年 2 月 8 日、15 日，隋某某以传播刘某某裸照、裸体视频相威胁，两次强迫刘某某与其发生性

关系。隋某某还以传播照片、视频相威胁，先后三次向刘某某索要钱财，共计得款人民币840元。2022年3月5日，隋某某将编辑后的刘某某视频以5元一件的价格出售给王某某等多人，其中7人为未成年学生，获利人民币50元。

【检察机关履职过程】

审查逮捕。2022年3月11日，班主任发现刘某某表现异常后报警。山东省某市公安局某区分局于当日将隋某某抓获。2022年4月11日，公安机关以隋某某涉嫌强奸罪，敲诈勒索罪，制作、贩卖、传播淫秽物品牟利罪向山东省某市某区人民检察院提请批准逮捕。公安机关认为，利用网络实施猥亵是犯罪嫌疑人实现强奸犯罪的手段，应按强奸一罪处理。检察机关审查认为，本案系性侵害未成年人犯罪，情节恶劣，严重损害未成年人身心健康，应当依法从严惩处。根据本案证据，隋某某最初系以刺激、满足性欲为目的，要求被害人拍摄裸照、裸体视频发送供其观看。收到被害人照片、视频后，认为被害人易哄骗、好控制，继而又产生与被害人发生性关系的犯罪意图，后实施强奸行为。本案猥亵行为与强奸行为相隔9天，具有明显的时空间隔，猥亵行为和强奸行为给被害人造成两次不同性质和程度的伤害。隋某某的线上猥亵是独立的犯罪行为，因此不宜评价为强奸犯罪的手段，应当认定为猥亵儿童罪。检察机关在依法批准逮捕隋某某的同时，与公安机关及时沟通，明确补充侦查方向，督促进一步查清隋某某实施猥亵儿童犯罪的事实。

审查起诉及处理结果。2022年6月17日，公安机关以隋某某涉嫌猥亵儿童罪，强奸罪，敲诈勒索罪，制作、贩卖、传播淫秽物品牟利罪移送检察机关审查起诉。2022年7月15日，检察机关向人民法院提起公诉。2022年8月11日，人民法院作出判决，对隋某某以猥亵儿童罪判处有期徒刑一年六个月；以强奸罪判处有期徒刑八年六个月；以敲诈勒索罪判处有期徒刑六个月，并处罚金人民币二千元；以制作、贩卖、传播淫秽物品牟利罪判处有期徒刑九个月，并处罚金人民币一千元。数罪并罚，决定执行有期徒刑十年，并处罚金人民币三千元。

被害人权益保护。隋某某将被害人私密视频通过朋友圈售卖，导致视频在被害人所在学校多名学生间传播。为尽可能将犯罪的伤害降到最低，检察机关督促公安机关第一时间查清相关视频传播路径并固定证据后，将视频进行技术性彻底删除。同时，协调职能部门及时追踪、处理与本案有关的不当泄露的信息，阻断被害人照片及视频传播。联合公安机关对购买相关视频的学生开展法治教育，对学生家长制发督促监护令，避免对被害人造成二次伤害。检察机关还联系专门机构指派专业心理咨询师，为被害人提供心理疏导，持续关注被害人状况，帮助其尽快走出心理阴影。

促进综合治理。针对案件反映出的未成年人网络交友不当、防范网络侵害能力不足等问题，检察机关开展专题调研分析后，向涉案学校和教育行政主管部门制发检察建议，督促学校建立预防、处置网络侵害工作机制，落实侵害未成年人案件强制报告制度，采取科学、合理方式培养和提高未成年人网络素养，有效减少侵害发生。针对未成年人遭受网络侵害时不敢说不、不善求助等问题研发网络安全教育主题课程，组织开展“清朗网络进校园”活动，通过专题授课、短视频、网络安全知识问答等多种方式揭露犯罪分子常用伎俩，揭示网络交友中的风险和陷阱，讲授应对网络性侵的正确处理方式，引导学生理性交友，保护自我，及时求助，提升未成年人文明、安全用网的意识和能力。就未成年人网络保护问题，邀请人大代表、政协委员及未成年人保护相关职能部门进行座谈，推动相关职能部门加强涉未成年人网络侵害线索移送，现已报告并移送线索 9 件。

【指导意义】

（一）实施线上猥亵犯罪行为后，又利用线上猥亵获得的私密照片、视频要挟被害人，实施线下强奸犯罪行为的，应当认定构成猥亵儿童和强奸两个独立犯罪，实行数罪并罚。要依法从严惩处性侵害未成年人犯罪。行为人以满足性刺激为目的，利用网络胁迫、诱骗儿童拍摄裸体、敏感部位照片、视频等供其观看，其行为构成猥亵儿童罪。对儿童实施“隔空猥亵”后，行为人又以传播线上猥亵所获得私密照片、视频相要挟强迫被害人发生性关系的，线上猥亵行为与线下强奸行为在时空上相对独立，分别给被害人的人格尊严、身心健康造成不同程度的伤害，是两个独立的犯罪行为，应分别认定为猥亵儿童罪与强奸罪，数罪并罚。

（二）办理利用网络性侵害未成年人案件，检察机关应及时督促职能部门阻断私密信息传播，从线下到线上全方位保护未成年人免受次生伤害。互联网具有传播速度快、影响范围广的特点，涉案私密照片、视频的网络传播将进一步对未成年被害人身心造成严重伤害，不利于被害人创伤修复。检察机关在从严打击利用网络性侵害未成年人犯罪的同时，应注重审查被害人私密照片、视频是否被传播，发现在网络空间传播扩散的，应当及时督促职能部门快速、精准阻断传播，从线下到线上、从直接接触被害人的群体到网络空间的传播路径，尽量避免被害人遭受次生伤害。

（三）针对未成年人网络保护的复杂性，检察机关应主动发挥法律监督职能，综合履职助推各方形成保护合力。针对未成年人网络风险认知不足、易受侵害的问题，精准开展法治教育，普及辨别、防范、应对网络侵害的知识；针对监护人监护不足的问题，开展家庭教育指导，提升网络安全监护意识和能力；针对职能部门履职不充分的问题，制发社会治理检察建议；召开部门联席会议，推动建立涉未成年人网络侵害线索移送机制，以检察综合履职积极助推家庭、学校、社会协同发力，为未成年人营造健康安全的网络环境，提升未成年人综合保护效果。

【相关规定】

《中华人民共和国刑法》第二百三十六条、第二百三十七条、第二百七十四条、第三百六十三条

《最高人民法院、最高人民检察院关于办理利用互联网、移动通讯终端、声讯台制作、复制、出版、贩卖、传播淫秽电子信息刑事案件具体应用法律若干问题的解释》第六条

《最高人民法院、最高人民检察院关于办理利用互联网、移动通讯终端、声讯台制作、复制、出版、贩卖、传播淫秽电子信息刑事案件具体应用法律若干问题的解释（二）》第一条

姚某某等人网络诈骗案

（检例第 201 号）

【关键词】

未成年人网络保护　网络诈骗　分类处理　分级干预　多部门协作　数字化预防

【要旨】

办理涉及众多未成年人的网络诈骗案件，应注重罪错未成年人分级干预，实现分类处理，精准帮教。依托侦查监督与协作配合机制，建议公安机关在全面收集证据、查清事实基础上，充分考量未成年

人的涉案情节，综合判定其主观违法性认识，依法分类处置。在审查起诉时，结合社会调查、心理测评、风险评估等情况，对涉罪未成年人进行分类处理并开展精准帮教。针对未成年人涉网违法犯罪防治难题，推动多部门搭建数字平台，实现对未成年人涉网违法犯罪的精准预防。

【基本案情】

被告人姚某某，男，1984年10月5日出生，初中文化，无业。

未成年被告人赵某某、张某某、邹某等16人。

被附条件不起诉人王某、成某、李某某等12人。

被不起诉未成年人许某某、王某某、任某某等41人。

2018年3月至2019年8月，姚某某伙同他人组建诈骗团伙，在诈骗团伙中设置团长、师傅、助理、外宣四个层级，通过在网络平台虚构网络兼职、工资待遇等信息，骗取兼职人员缴纳会员费的方式实施诈骗，涉案人员750名，犯罪金额达1300余万元。在实施诈骗过程中，姚某某拉拢、招募、吸收大量未成年人参与违法犯罪，涉案未成年人达560人，其中450余人系在校学生。在诈骗团伙中，未成年人赵某某等4人担任师傅，承担小组管理职责，犯罪数额为30万至350万余元不等；王某等30人担任助理，协助师傅进行培训指导，犯罪数额为1万至95万余元不等；许某某、任某某等35人担任外宣，负责骗取新成员缴纳会费，犯罪数额为3千至1万余元不等。

检察机关经审查认定，姚某某为首要分子，应按照诈骗团伙所犯的全部罪行处罚，并且犯罪数额特别巨大。检察机关依法提起公诉后，姚某某被人民法院判处有期徒刑十三年九个月，并处罚金。

【检察机关履职过程】

分类处理。2019年7月，浙江省某市公安局某区分局对姚某某等人涉嫌诈骗罪立案侦查。按照侦查监督与协作配合机制，浙江省某市某区人民检察院介入案件后，认为涉案兼职犯罪模式对未成年人具有迷惑性、诱导性，案件处理的关键在于全面查清案情的基础上，着重从目的、动机等主观方面和参与次数、持续时间、涉及金额等客观方面，对涉案人员区分责任、区别处置。建议公安机关在查清涉案事实和综合判断主观违法性认识后，按照三种情形进行办理：一是对涉案金额未达到诈骗罪数额较大标准的，不认定为犯罪；二是对涉案金额达到或略高于诈骗罪数额较大标准，具有因谋求兼职需要、仅完成团伙规定任务、参与时间短、主动退出犯罪团伙、退赃退赔等情节的，认定为情节显著轻微、危害不大，不认为是犯罪，依法作出相应行政处罚；三是对涉案金额超出诈骗罪数额较大标准，具有主动参与、参与时间长、诈骗次数多等情节的，依法追究刑事责任。最终，公安机关对何某某等 491 名涉案未成年人的行为不作为犯罪处理，对赵某某等 69 名涉罪未成年人移送审查起诉。

宽严相济。2019 年 11 月至 2022 年 1 月，公安机关陆续将 69 名涉罪未成年人以诈骗罪移送审查起诉。检察机关受理后，依托社会支持体系对涉罪未成年人及时开展补充社会调查，从个体、家庭、成长经历、帮教条件、社会交往等方面进行综合评估，并结合案件事实依法分类处理：对在共同犯罪中起主要作用、社会危害性大的，依法提起公诉；对在共同犯罪中起次要作用、认罪悔罪态度好、认知行为存在偏差需要矫正，符合附条件不起诉条件的，设置考察条件，作出附条件不起诉决定；对符合不起诉条件的，作出不起诉决定。某区检察院先后对赵某某等 16 人提起公诉，对王某等 12 人作出附条件不起诉决定，对许某某等 41 人作出不起诉决定。赵某某等 16 人均被判处有期徒刑刑罚。

精准帮教。检察机关依托区少年司法一体化社会关护机制，联合公安、法院、司法等部门，为涉罪未成年人提供全流程精准帮教。在引导其认识罪错的同时，委托司法社工和心理咨询师、家庭教育指导师对严重行为偏差或存在心理问题的涉案未成年人开展心理危机干预、家庭教育指导、帮扶救助等工作。经过多方帮教，促使涉罪未成年人重回正轨，53 名被附条件不起诉和不起诉的涉罪未成年人中有 41 人顺利考取大专以上院校。

预防治理。针对案件暴露的未成年人涉网违法犯罪高发、频发、面广，使用传统手段无法实现精准、及时预防等问题，区检察院联合公安、民政等多部门搭建数字化平台，预防网络违法犯罪。依托浙江省一体化数字资源系统（IRS），会商公安、民政、卫健、教育等职能部门，形成涵盖酒吧、网吧、旅馆等场所的数据库，通过内嵌于平台的算法和数据模型，发现异常人员和行为，及时向主管部门推送预警，实现未成年人涉网违法犯罪行为早发现、早介入、早阻断。

【指导意义】

（一）办理涉及众多未成年人网络犯罪案件，应在全面查清案件事实基础上，对案件依法分类处理。检察机关办理此类案件，应与公安机关统一执法司法理念，推动公安机关充分考虑网络犯罪手段特殊性和未成年人的身心特点、认知水平，全面审查涉案未成年人的动机、目的、参与次数、持续时间、涉及金额等情节，综合判断涉案未成年人主观违法性认识。对违法但不构成犯罪的，建议公安机关依法作出相应行政处罚。

（二）审查涉及众多未成年人网络犯罪案件时，应落实帮教精准化、处遇个别化。检察机关要立足未成年人保护和预防再犯的立场，在审查起诉时全面审查涉罪未成年人的犯罪事实、地位作用、悔罪表现、监护帮教条件等，结合社会调查、心理测评和风险评估，依法提起公诉或作出附条件不起诉、不起诉决定，落实分级干预。同时根据涉罪未成年人的成长经历、行为习惯、认知和需求、风险等级等因素，选配司法社工、心理咨询师、家庭教育指导师等专业人员，对涉罪未成年人实施个性化帮教矫治。

（三）打破数据壁垒，利用数字化手段推动涉未成年人网络违法犯罪源头治理。针对履职过程中发现未成年人涉网络违法人数多、犯罪防治难度大、犯罪手段隐秘等治理难题，检察机关要充分发挥数字技术对检察业务的支撑和推动作用。对实践中多发的涉及未成年人诸如校园网贷、网络赌博等情形开展风险评估和动态预警，在保障信息安全和维护个人隐私的基础上，及时向职能部门推送保护、救助的预警信息，进而形成部门协作、数据融通、智能分析、精准预警、高效处理的未成年人数字保护新格局。

【相关规定】

《中华人民共和国刑法》第二百六十六条

《中华人民共和国刑事诉讼法》第一百七十七条、第二百七十七条、第二百七十九条、第二百八十二条

《中华人民共和国未成年人保护法》第一百条

《中华人民共和国预防未成年人犯罪法》第二条、第二十八条、第三十八条

《未成年人网络保护条例》第三条、第二十二条、第二十七条、第三十条

康某某利用网络侵犯公民个人信息案

（检例第202号）

【关键词】

未成年人网络保护　异常电话卡　大数据监督模型　未成年人

入网规范

【要旨】

检察机关办理涉未成年人电信网络犯罪案件，发现未成年人异常办卡情况，可以积极运用数字检察监督手段，通过构建大数据模型，推动未成年人涉电信网络犯罪早期预防。针对类案反映出的未成年人一人办多卡等问题，可以运用联席磋商、检察建议等方式，联动相关部门完善长效机制，规范未成年人入网用网，保障未成年人用网环境健康安全。

【基本案情】

被告人康某某，男，2003 年 9 月 26 日出生，初中文化，系某网络科技公司法定代表人。

2022 年 12 月至 2023 年 2 月，康某某以网络科技公司兼职为名招聘刘某某等人（另案处理）帮助其收购电话卡。刘某某系某学院学生，通过微信朋友圈发布兼职招聘信息，招募到40 多名在校学生，其中未成年人 21 人。在康某某安排下，刘某某等人到指定网点办理电话卡 577 张，人均办卡 14 张。康某某将电话卡出售给上游犯罪行为人，用于注册各类社交 App 账号，提供有偿引流、点赞服务。部分电话卡在康某某不知情的情况下，被上游犯罪行为人用于实施电信网络诈骗犯罪。

【检察机关履职过程】

刑事案件办理。2023 年 2 月 10 日，内蒙古自治区某市公安局某区分局以侵犯公民个人信息罪对康某某立案侦查。2023 年 8 月 3 日，内蒙古自治区某市某区人民检察院对康某某提起公诉。康某某被人民法院以侵犯公民个人信息罪判处刑罚。

构建大数据法律监督模型。某区检察机关办理康某某案件期间，梳理近年来本地发生的类似电信网络犯罪案件，发现出租、出借、出售电话卡是未成年人牵涉电信网络犯罪的主要方式。针对在校学生异常办卡情况，检察机关研究构建“在校学生异常电话卡法律监督模型”，开展在校学生涉电信网络犯罪案件法律监督专项行动。在市大数据中心统筹下，依托在校学生常规数据信息、未成年人办理电话卡数据信息及涉未成年人电信网络犯罪发案数据信息，发现十余名未成年人被裹挟或者被诱骗参与犯罪。

监督模型线索的移送处理。检察机关对依托大数据法律监督模型发现的有关线索进行审查后，依法移送公安机关。根据上述线索，公安机关破获十余起电信网络犯罪案件、缴获多套“无线语音网关”犯罪工具。对于参与电信网络犯罪活动且达到刑事责任年龄的 3 名未成年人，检察机关根据其犯罪情节、认罪悔罪情况依法处理。对于未达刑事责任年龄、被诱骗办卡卖卡的 14 名未成年人，检察机关会同公安机关对其开展规范用卡法治教育，并督促职能部门落实监管责任，及时注销异常电话卡。

促进社会治理。针对办案中发现在校学生涉嫌电信网络犯罪的实际情况和突出问题，检察机关形成专题报告报送地方党委、政府，并与区工信和科技局、教育体育局等相关部门联动，建立信息交换机制，加强对批量开卡以及短期内反复开卡、注销、补卡等高风险情形的有效管理；推动区工信和科技局出台《电话卡办理程序规范指引》，明确低龄未成年人需在监护人在场并同意的情况下申请入网。对未成年人加强问询、反诈告知，加大异常卡复核力度。督促区教育体育局向师生发放“出租出借出卖电话卡风险提示函”，将法治教育列入学校就业指导规划。

家庭教育指导。针对涉案未成年人普遍存在的家庭教育缺位或不当问题，检察机关向其监护人发出督促监护令，并邀请专业人员开展家庭教育指导，加强对未成年人入网行为的引导和监督。同时，检察机关联合妇联、团委等多部门成立“家庭教育指导站”和“观护未成年人工作室”，结合办案中发现的家庭监护问题，引入社会力量深度参与家庭教育指导。

【指导意义】

（一）利用数字检察手段，对办理的未成年人涉电信网络犯罪案件进行延伸审查，通过法律监督切实保护未成年人权益。电信网络犯罪非接触性、涉众性、传播广域性导致其存在隐蔽化、查证难等问题，检察机关可以通过建构相关大数据法律监督模型，将办理案件中涉及的有关数据资源进行碰撞比对，把未成年人异常电话卡办理情况等信息与电信网络犯罪发案数据进行串联，准确锁定潜在高风险和已经涉罪未成年人，并从中分析研判未成年人涉电信网络犯罪的关系网，审查发现相关犯罪线索的，依法移送公安机关立案查处。

（二）会同有关部门跟进处置，实现对未成年人涉电信网络犯罪早期预防。未成年人心智尚未成熟、从众心理强，易受到欺骗引诱，及早发现、有效拦截、阻断未成年人违法犯罪尤为重要。检察机关应当充分发挥大数据筛查的优势，精准发现未成年人办理电话卡的异常情况，及时敦促工信等职能部门，跟进处置注销异常电话卡，真正达到犯罪预防和保护未成年人的目的。

（三）推动完善未成年人入网规范，加强未成年人网络保护。未成年人涉嫌电信网络犯罪行为，往往以办理多张电话卡为发端，暴露出未成年人办理电话卡存在的机制问题和监管漏洞。检察机关可以联合相关部门完善未成年人入网规范机制，推动跨部门数据互联互通，督促行业主管部门重视异常账户的跟踪与监管，及早发现未成年人异常办卡情况，保障未成年人用网环境健康安全。

【相关规定】

《中华人民共和国刑法》第二百五十三条之一

《中华人民共和国未成年人保护法》第六十四条、第六十六条、第七十一条、第一百零五条

《中华人民共和国预防未成年人犯罪法》第三十条、第三十一条、第六十一条

《中华人民共和国反电信网络诈骗法》第十条、第十一条、第二十八条、第三十一条、第三十八条

李某某帮助信息网络犯罪活动案

（检例第 203 号）

【关键词】

未成年人网络保护　银行卡　主观明知　附条件不起诉　检察建议

【要旨】

办理未成年人涉嫌使用本人银行卡帮助信息网络犯罪活动罪案件，应当结合涉案未成年人身心特点，重点审查是否明知他人利用信息网络实施上游犯罪并提供帮助。对于主观恶性不大、社会危害较小且自愿认罪认罚的未成年人，坚持以教育、挽救为主，符合附条件不起诉的，依法适用附条件不起诉。对于未成年人银行账户管理存在漏洞，有异常交易风险的，检察机关通过向金融监管机关、商业银行制发检察建议，强化账户源头管理，推动诉源治理。

【基本案情】

被附条件不起诉人李某某，男，2003 年 9 月 5 日出生，在校学生。

2019 年，李某某在某职业中学就读期间，为方便支取生活费，在当地商业银行开设账户，办理了一张单日转账额度最高可为 50 万元人民币的借记卡。2021 年 5 月，李某某的同学卢某某、彭某某（均已满 18 周岁，另案处理）向其提出“需要将网络赌博平台上汇集的充值资金，使用绑定的银行卡转账，如果愿意提供本人银行卡用于转账，就可以分钱”，并给其看了该赌博平台应用程序的截图。李某某为了能“轻松挣钱”遂表示同意。5 月 7 日至 18 日，在彭某某的指使下，李某某使用本人借记卡代为转账，并采取变更转账地点的方式规避调查。上述期间内，该借记卡单向流水金额合计人民币 420 余万元，李某某在分得人民币 3000 元后，因“感觉容易出事”遂未再参与。

案发后，李某某投案自首。2022 年 8 月，四川省某县人民检察院以帮助信息网络犯罪活动罪决定对李某某附条件不起诉并开展监督考察。2023 年 2 月，考验期满后决定对李某某不起诉。

【检察机关履职过程】

全面审查证据。某县公安局对李某某以涉嫌帮助信息网络犯罪活动罪移送起诉，某县检察院经审查认为，李某某系未成年犯罪嫌疑人，到案后虽作有罪供述，但案件缺乏证明其具备认知能力的证据。同时，侦查机关未查明涉案资金是否属于“犯罪所得及其收益”且李某某是否明知，检察机关遂退回补充侦查。侦查机关补充侦查重新移送后，检察机关经审查，认为侦查机关仅查明部分而非全链条利用网络开设赌场犯罪事实，故李某某代为转账的资金尚不能认定为“犯罪所得及其收益”。通过社会调查发现，李某某智力发育水平正常，接受教育经历连贯，作案时已开始毕业前的离校实习，说明其具有适应工作和社会生活的能力。本案中的转账行为呈现出短时间、高频率、大金额的异常特征，与日常生活开支场景毫无混同的可能。因此，可以认定李某某具备相当的认知能力，主观上明知他人利用信息网络实施犯罪。

依法适用附条件不起诉。李某某主观上明知他人利用信息网络实施犯罪，客观上实施了使用本人银行卡代为转账420余万元的帮助支付结算行为。但李某某提供本人银行卡的行为与“批量出租他人银行卡”相比，情节较轻，社会危害较小；系受引诱参与犯罪，参与时间较短，犯罪后自首且自愿认罪认罚，具有悔罪表现，主观恶性不大；系初犯、偶犯，社会调查表明其具有较大的教育矫治空间。为落实“教育、感化、挽救”方针，在听取公安机关意见后，检察机关依法对李某某适用附条件不起诉。

帮教考察。社会调查发现，李某某追求享乐，法律意识淡薄，父母教育方式不当、家庭教育支持不足，存在重蹈违法犯罪的风险。为此，检察机关联合妇联、司法社工组织等社会力量，制定个性化方案，加强综合教育帮教。针对其存在消费观念问题，通过定制法治教育志愿服务公益项目，帮助其认识到贪图享受的长远危害；针对其法律意识淡薄问题，通过开展线上线下预防网络犯罪教育，促使其主动学习法律知识；针对家庭教育缺失问题，发出督促监护令，加强家庭教育指导。通过帮教，李某某的理性消费观念逐步树立，法律意识逐渐提升，思想认识和行为习惯回归正轨。目前，李某某已经考上大学。

制发检察建议。检察机关办案发现，李某某的银行账户管理存在漏洞。经与人民银行所属支行会商研判，通过走访银行网点、开展座谈交流，促使商业银行查找出未落实未成年人独立开户标准、授权单日转账限额过高、异常交易风险预警不足等问题。检察机关有针对性地向人民银行某县支行制发检察建议后，该县人民银行对 7 家商业银行的 46 个网点，涉及 120 余个未成年人的账户全部进行了清理，对发现的问题立即进行整改。目前，该县未再发生利用未成年人银行卡实施网络犯罪的案件。省、市检察机关与人民银行等机构会商，推进涉未成年人银行账户分级分类管理等要求在全省范围内得到完善和落实，巩固打击和治理成效。

【指导意义】

（一）检察机关办理未成年人帮助他人利用网络实施犯罪的案件，要坚持主客观相一致原则，重点审查行为人主观方面对上游犯罪是否明知，并提供了客观帮助行为。要综合全案证据和社会调查情况，认为涉罪未成年人知道或者应当知道上游系犯罪活动，自己行为具有帮助作用，可能共同造成危害结果的，应当认定其主观明知。未成年人客观上实施“供卡”等帮助支付结算的行为，符合帮助信息网络犯罪客观要件规定的，应按照主客观相一致原则，认定构成帮助信息网络犯罪活动罪。但如果经全案证据审查，认定未成年犯罪嫌疑人对上游是否系犯罪活动，以及犯罪的危害程度缺乏明确认识，即使在客观上对信息网络犯罪活动起到了帮助作用，因此获利，也不能认定为构成该罪。

（二）对未成年人使用本人银行卡实施的帮助他人利用网络犯罪行为，应当落实宽严相济刑事政策，加强教育、挽救，依法准确适用不起诉、附条件不起诉。对于积极主动参与犯罪、犯罪情节严重的，应依法提起公诉。对被利诱参与犯罪、参与时间较短、违法所得、涉案数额较少，情节显著轻微危害不大的涉案未成年人，检察机关可以根据刑法第十三条的规定，对其不认定为犯罪。对于犯罪情节轻微，依照刑法规定不需要判处刑罚或者免除刑罚的，检察机关应当做出不起诉决定。对于犯罪情节较轻，符合附条件不起诉条件的，检察机关可以依法适用附条件不起诉，同时针对性开展考察、矫治。

（三）检察机关应当注重运用检察建议，推动诉源治理。办理未成年人帮助信息网络犯罪活动案件，发现银行账户监督、管理、使用存在漏洞的，应当依法开展调查核实，以检察建议的方式督促金融监管机构、商业银行完善制度机制，推动形成办卡审核和风险评估相结合、分类管理和异常预警相结合的未成年人银行卡管理保护模式，努力实现对未成年人参与电信网络犯罪的诉源治理。

【相关规定】

《中华人民共和国刑法》第十三条、第二百八十七条之二

《中华人民共和国刑事诉讼法》第二百七十七条、第二百七十九条、第二百八十二条、第二百八十三条、第二百八十四条

《中华人民共和国未成年人保护法》第一百一十三条、第一百一十五条

《中华人民共和国预防未成年人犯罪法》第五十条、第五十一条

《最高人民法院、最高人民检察院关于办理非法利用信息网络、帮助信息网络犯罪活动等刑事案件适用法律若干问题的解释》第十二条

《人民检察院检察建议工作规定》第十一条

禁止向未成年人租售网络游戏账号检察监督案

（检例第 204 号）

【关键词】

未成年人网络保护　网络游戏账号租售　刑事检察与行政公益诉讼衔接　不良行为干预　综合治理

【要旨】

检察机关办理涉未成年人网络犯罪案件，应当注重审查刑事案件背后是否存在未成年人网络保护职责未落实的监督线索。检察机关发现互联网平台上存在向未成年人租售网络游戏账号的，可以依法督促行政监管部门履职，全面维护未成年人网络权益。发现未成年人因沉迷网络而遭受侵害的，应当同步落实被害修复与不良行为干预措施。检察机关应当促进法律监督与行政监管的配合协作，助推行政监管部门提升未成年人网络保护执法规范化水平。

【基本案情】

被告人孙某，男，2000 年 7 月 19 日生，汉族，中专文化，原系某房地产公司销售人员。

2021 年 1 月，被告人孙某以诈骗为目的，在某互联网平台发布出售网络游戏账号的虚假信息，骗取未成年被害人华某某信任后，向其提供虚假的游戏账号密码，并编造钱款被冻结、需支付保证金、过户费等理由，共骗取华某某人民币 15347 元。

孙某用以出售网络游戏账号的互联网平台是上海某公司开发运营的电子商务应用类平台。该平台上有数十家经营者不经身份核实，向包括未成年人在内的用户提供多款热门网络游戏账号的租售服务，部分经营者的累计订单数已达十万余件。

【检察机关履职过程】

刑事案件办理。2021 年 4 月 2 日，孙某自首。2021 年 11 月 8 日，上海市公安局某区分局以孙某涉嫌诈骗罪向某区检察院移送审查起诉。检察机关在办案过程中，责令孙某向被害人退赔诈骗钱款，弥补财产损失，并向被害人赔礼道歉。2021 年 12 月 6 日，检察机关以孙某犯诈骗罪向人民法院提起公诉。2021 年 12 月 16 日，人民法院以孙某犯诈骗罪判处其有期徒刑七个月，缓刑一年，并处罚金人民币二千元。

行政公益诉讼案件办理。检察机关经调查发现，本案中孙某用以出售网络游戏账号的互联网平台上还有数十家经营者在商品详情中使用“未防沉迷”“直接上号”等表述，不经核验身份，向包括未成年人在内的用户提供多款热门网络游戏账号的租售服务。

检察机关认为，该互联网平台上的经营者为未成年人规避网络游戏监管提供便利条件，违反《中华人民共和国未成年人保护法》有关向未成年人提供游戏服务的时间管理限制性规定。该互联网平台未根据《中华人民共和国电子商务法》对相关经营者违规行为予以及时处置、报告，增加了不特定未成年人沉迷网络游戏的潜在风险，损害了社会公共利益。根据未成年人网络保护法律法规，上海市某区网络安全和信息化委员会办公室（以下简称“网信办”）对未成年人网络保护落实情况有监督管理职责，应当依法查处违规经营者和平台。

2021 年 9 月 14 日，检察机关向区网信办发出行政公益诉讼诉前检察建议，督促依法查处违法向未成年人提供网络游戏账号租售服务的经营者，并对互联网平台上租售网络游戏账号的情况进行全面检查和监督，压实平台责任。区网信办积极落实检察建议，督促该互联网平台对违法租售账号的经营者进行处理、增设实名购买功能，对平台落实未成年人网络保护规定的情况进行常态化检查督导。该互联网平台共清理违规游戏租号类商品 469 件，关闭相关店铺 26 家，对“某某租号”等关键词予以屏蔽；对游戏账号租售商品设置购买实名认证和上号二次实名认证环节，有效防止向未成年人租售游戏账号。

不良行为干预。针对未成年被害人华某某沉迷网络游戏的情况，检察机关根据《中华人民共和国预防未成年人犯罪法》关于不良行为干预的相关规定，积极对接学校、街道未成年人保护工作站组建协作干预小组，落实针对性管理教育措施。检察机关针对监护人放任华某某沉迷网络及处分大额钱款等问题，向华某某的监护人制发督促监护令，要求其履行监护职责，并委托家庭教育指导师开展家庭教育指导。目前，华某某已摆脱网络游戏沉迷，并顺利考入大学。

推动综合治理。结合该案办理，检察机关进一步会同区网信办等单位制定了涉未成年人网络保护分类处置的标准化工作流程。在此基础上，上海市人民检察院梳理全市未成年人网络保护案件办理情况，与上海市网信办、上海市文化和旅游局执法总队建立了未成年人网络保护联动工作机制，共同发布《未成年人网络保护风险识别清单》《上海市侵害未成年人身心健康的网络信息执法指南》，细化执法规范和标准。

【指导意义】

（一）互联网平台上的经营者向未成年人租售网络游戏账号而平台未予及时处置、报告的，检察机关可以通过检察建议、公益诉讼等方式，督促行政监管部门采取有效监管措施。检察机关在办理涉未成年人网络刑事案件时，发现互联网平台上的经营者向未成年人提供网络游戏账号租售服务、互联网平台未予以审核监管，为未成年人规避游戏监管提供便利，有造成不特定未成年人沉迷网络、侵害未成年人网络公共利益风险的，检察机关可以通过制发检察建议、开展行政公益诉讼等手段，督促相关行政部门依法履行监管职责，推进互联网平台加强管理和机制建设。

（二）检察机关办理未成年人因沉迷网络而遭受侵害的案件，应当坚持被害修复与不良行为干预并重。检察机关在依法惩治利用网络实施的侵害未成年人犯罪的同时，应当通过积极追赃挽损、促成赔礼道歉、提供法律援助、落实心理疏导等方式，最大限度减少犯罪对未成年人造成的不利影响。同时，检察机关还应当根据《中华人民共和国预防未成年人犯罪法》的相关规定，督促家庭、学校、社会联动对未成年被害人沉迷网络的不良行为进行干预，通过精准管理教育措施引导未成年人安全合理地使用网络。发现被害人的监护人怠于履行职责的，可以通过制发督促监护令、开展家庭教育指导等方式，充分发挥家庭监护在未成年人网络保护中的作用。

（三）检察机关办理涉未成年人网络案件，应当综合履职，促进未成年人网络保护诉源治理。在办理刑事案件、开展行政公益诉讼等工作基础上，检察机关还应当加强与未成年人网络保护行政监管部门配合协作，畅通信息渠道、建立共治机制，提升未成年人网络侵害源头预防实效。结合本地实际，推动完善法律监督与行政监管衔接机制，为未成年人构建健康清朗的网络空间环境 。

【相关规定】

《中华人民共和国刑法》第二百六十六条

《中华人民共和国未成年人保护法》第六十六条、第六十七条、第七十四条、第七十五条、第一百零六条、第一百二十七条

《中华人民共和国预防未成年人犯罪法》第二十八条第四项、第二十九条、第三十一条、第三十二条

《中华人民共和国家庭教育促进法》第二十二条、第四十九条

《中华人民共和国行政诉讼法》第二十五条第四款

《中华人民共和国电子商务法》第十三条、第二十九条

《未成年人网络保护条例》第四十六条第二款

全面加强未成年人网络司法保护

——最高人民检察院第五十批指导性案例解读

线　杰　李　峰　王广聪*

近日，最高人民检察院发布了第五十批指导性案例（检例第200—204号），该批指导性案例以“未成年人网络保护”为主题，这是2020年未成年人保护法修订新增“网络保护”专章以来，最高检首次发布关于这一主题的未成年人“四大检察”综合履职指导性案例。为深化对指导性案例的理解与适用，现就该批指导性案例发布的背景和意义、法律适用问题以及未成年人网络司法保护的工作要点等进行解读。

一、发布第五十批指导性案例的背景和意义

信息网络时代，未成年人成长与互联网深度关联。2023年12月23日，共青团中央维护青少年权益部联合中国互联网络信息中心共同发布的《第5次全国未成年人互联网使用情况调查报告》显示，我国未成年网民规模已达1.93亿，未成年人互联网普及率达97.2%，使用手机上网的比例为91.3%。网络在给未成年人的学习、生活带来极大便利的同时，也被不法分子用于侵害未成年人，严重

* 线杰，最高人民检察院未成年人检察厅厅长、一级高级检察官；李峰，最高人民检察院未成年人检察厅副厅长、二级高级检察官；王广聪，最高人民检察院未成年人检察厅主办检察官、三级高级检察官。

影响未成年人健康成长。检察机关办案发现，利用网络侵害未成年人权益的犯罪手段复杂多样，方式不断翻新。一些未成年人通过网络接触暴力、低俗等不良信息，形成不健康的价值观，甚至因沉迷网络而走上违法犯罪道路。有的互联网企业片面追求经济利益而忽视社会责任，给行业发展和信息安全带来一定隐患。这些现象反映出网络空间监管整治形势依然严峻复杂，未成年人网络保护工作仍任重道远。

习近平总书记指出，“依法加强网络空间治理，加强网络内容建设”“为广大网民特别是青少年营造一个风清气正的网络空间”“把增进人民福祉作为信息化发展的出发点和落脚点，让人民群众在信息化发展中有更多获得感、幸福感、安全感”。[①] 近年来，检察机关深入贯彻习近平法治思想和习近平总书记关于网络强国的重要思想，积极应对网络空间带来的新挑战新问题，以未成年人“四大检察”职能的相互融通为抓手，不断加大网络空间未成年人权益保护和预防、惩治犯罪力度，通过检察办案积极履行法律监督职责，主动加强与网信等职能部门的合作配合，持续推动净化网络环境，取得明显成效。

编发该批指导性案例的主要目的和意义在于：一是以指导性案例为牵引，高质效办好每一个涉未成年人网络犯罪案件。编写未成年人网络保护指导性案例，旨在通过提炼、推广体现未成年人网络保护特点的办案规则和有益经验，促进解决涉及未成年人的帮助信息网络犯罪活动、诈骗、网络隔空猥亵、侵犯公民个人信息等案件办理中的难点和人民群众关切的问题，给各级检察机关履职办案提供示范借鉴和方向引领，把最高检党组关于“高质效办好每一个案件”的要求落实落细，努力让人民群众在每一个司法案件中感受到公平正义。二是充分发挥未成年人检察业务集中统一办理优势，全面综

① 《迈出建设网络强国的坚实步伐——习近平总书记关于网络安全和信息化工作重要论述综述》，载《人民日报》2019 年 10 月 19 日，第 1 版。

合保护网络空间未成年人合法权益。编发该批指导性案例，体现了检察机关注重依托办理未成年人网络犯罪和利用网络侵害未成年人刑事案件，强化系统审查、同步审查，拓宽发现公益诉讼等其他监督线索渠道，协调运用各项检察职能，以未成年人“四大检察”的相互融通，提升未成年人网络保护检察工作实效。三是积极践行检察机关能动履职，推动未成年人网络保护诉源治理。未成年人网络保护的关键在于推动建立清朗、安全、健康的网络环境。该批指导性案例体现了检察机关结合办案积极践行能动履职、诉源治理的理念。检察机关通过检察建议、会谈磋商、公益诉讼、法治进校园等多种形式，协同网信、电信等部门齐抓共管，推动压实信息安全管理、数据安全保护义务和平台社会责任，积极促推诉源治理和标本兼治，助推补齐监管漏洞和短板，努力消除网络空间的风险隐患。四是强化检察机关学习宣传和贯彻落实2024年1月1日施行的国务院《未成年人网络保护条例》。该批指导性案例在部门协同、网络素养、网络家风、防止网络沉迷等诸多方面与《未成年人网络保护条例》精神契合、内容一致，并结合司法办案措施进一步予以细化，有助于更好推动检察机关与网信等部门形成未成年人网络保护合力。

二、第五十批指导性案例的理解与适用

为体现未成年人网络司法保护的特点，该批指导性案例在承继以往依托立案案由、主体确定案例名称方式的基础上，统一增加了“网络”用词。履职过程的表述等原则上以刑事案件办理的体例为主，同时兼顾未成年人案件特殊制度、未成年人检察综合履职特点。案例编写注重强化法律适用规则的提炼和类案办理的工作指导。注重通过检察建议、公益诉讼等方式，能动发挥法律监督职能，推动未成年人网络司法保护的诉源治理，共同加强未成年人网络保护。为保护涉案未成年人隐私，相关信息作了模糊处理。

（一）隋某某利用网络猥亵儿童，强奸，敲诈勒索，制作、贩卖、传播淫秽物品牟利案（检例第200号）

最高检第43号指导性案例骆某猥亵儿童案在要旨部分明确指出，行为人以满足性刺激为目的，利用网络胁迫、诱骗儿童拍摄裸体、敏感部位照片、视频等供其观看，构成猥亵儿童罪，该要旨指导司法办案成效明显。检例第200号隋某某利用网络猥亵儿童，强奸，敲诈勒索，制作、贩卖、传播淫秽物品牟利案中，犯罪嫌疑人隋某某最初系以刺激、满足性欲为目的，要求被害人拍摄裸照、裸体视频发送给其观看，收到被害人照片、视频后，其认为被害人易哄骗、好控制，继而又产生与被害人发生性关系的犯罪意图，后实施强奸行为。该案中，猥亵行为与强奸行为相隔9天，具有明显的时空间隔，猥亵行为和强奸行为给被害人造成两次不同性质和不同程度的伤害。因此，该案例在重述“隔空猥亵”规则的基础上，明确对儿童实施“隔空猥亵”后，行为人又以传播线上猥亵所获得私密照片、视频相要挟，强迫被害人与其发生性关系的，线上猥亵行为与线下强奸行为在时空上相对独立，分别给被害人的人格尊严、身心健康造成不同程度的伤害，是两个独立的犯罪行为，应分别认定为猥亵儿童罪和强奸罪，数罪并罚。该案例改变了司法实践中逐渐出现线上猥亵犯罪行为作为线下强奸的手段进行评价，并以牵连犯从一重处罚简单化处理的问题。罪数认定和并罚规则的确定，更加有力地体现了从严惩治性侵害未成年人犯罪和保护未成年人身心权益的立场。

互联网具有传播速度快、影响范围广的特点，涉案私密照片、视频的传播将进一步对未成年被害人身心造成严重伤害，不利于被害人创伤修复。该案中，犯罪嫌疑人通过朋友圈售卖被害人私密视频，导致该视频在被害人所在学校多名学生间传播。为尽可能将犯罪造成的伤害降到最低，检察机关督促公安机关第一时间查清相关视频传播路径并固定证据后，对视频进行技术性彻底删除。同时，积极协调相关职能部门及时追踪、处理与该案有关的不当泄露的信息，阻断被害人照片及视频传播。由此明确，检察机关在从严打击利用网络性侵害未成年人犯罪的同时，应注重审查关于被害人的私密照片、视频是否被传播，发现照片、视频在网络空间传播扩散的，应当及时督促职能部门快速、精准阻断从线下到线上、从直接接触被害人的群体到网络空间的传播路径，尽可能避免被害人遭受次生伤害。在检察履职过程中，检察机关还综合使用了督促监护、心理疏导、检察建议、精准普法、联席会议等方式，提升未成年人综合保护效果。

（二）姚某某等人网络诈骗案（检例第201号）

办理以网络诈骗为典型的涉及众多未成年人的网络犯罪案件，应遵循最有利于未成年人原则，推动执法司法办案分类分级处理，促进涉案、涉罪未成年人及时分流、转处。检例第201号姚某某等人网络诈骗案明确，检察机关办理涉及众多未成年人网络犯罪案件，在受邀提前介入侦查时，除了督促补证证据等外，还应当重视落实未成年人刑事案件办理的特殊要求，促进统一执法司法理念，推动公安机关充分考虑网络犯罪手段的特殊性和未成年人的身心特点、认知水平，全面审查涉案未成年人的动机、目的、参与次数、持续时间、涉及金额等情节，综合判断涉案未成年人的主观违法性认识。对违法但不构成犯罪的，建议公安机关依法作出相应行政处罚，推动对案件进行分类处理。

检察机关在审查涉及众多未成年人网络犯罪案件时，应注重帮教精准化、处遇个别化。即立足未成年人保护和预防再犯的立场，在审查起诉时全面审查涉案未成年人的犯罪事实、地位作用、悔罪表现、监护帮教条件等，结合社会调查、心理测评和风险评估，依法提起公诉或作出附条件不起诉、不起诉决定，分级干预。同时根据涉案未成年人的成长经历、行为习惯、认知和需求、风险等级等因素，选配司法社工、心理咨询师、家庭教育指导师等专业人员，对其实施个性化帮教矫治。

在办案过程中，检察机关应主动打破数据壁垒，利用数字化手段推动涉未成年人网络违法犯罪源头治理。针对履职过程中发现的未成年人涉网络违法人数多、犯罪防治难度大、犯罪手段隐秘等治理难题，检察机关应充分发挥数字技术对检察业务的支撑和推动作用。对实践中多发的涉及未成年人的诸如校园网贷、网络赌博等情形开展风险评估和动态预警，在保障信息安全和保护个人隐私的基础上，及时向职能部门推送保护、救助的预警信息，进而形成部门协作、数据融通、智能分析、精准预警、高效处理的未成年人数字保护新格局。

（三）康某某利用网络侵犯公民个人信息案（检例第 202 号）

电信网络犯罪具有非接触性、涉众性、传播广域性等特征，导致侦查取证难，对此，检察机关需要充分发挥数字检察的功能作用，对办理的未成年人涉电信网络犯罪案件进行延伸审查，通过法律监督切实保护未成年人合法权益。检例第 202 号康某某利用网络侵犯公民个人信息案中，检察机关通过个案办理及梳理近年来本地发生的类似电信网络犯罪案件，发现出租、出借、出售电话卡是未成年人牵涉电信网络犯罪的主要方式。针对在校学生异常办卡情况，检察机关建构相关大数据法律监督模型，将案件中涉及的有关数据进行碰撞比对，把未成年人办理电话卡异常情况等信息与电信网络犯罪发案数据进行串联，准确锁定潜在的高风险和已经涉罪的未成年人，并从中分析研判未成年人涉电信网络犯罪的关系网，经审查发现相关犯罪线索后，依法移送公安机关立案查处。同时，为实现对未成年人涉电信网络犯罪的早期预防，检察机关发现未成年人办理电话卡异常情况的，应及时敦促相关职能部门跟进处置注销异常电话卡。

该案例的典型意义还在于，检察机关积极推动完善未成年人入网规范，加强未成年人网络保护。该案中，针对在校学生涉嫌电信网络犯罪的实际情况和突出问题，检察机关推动相关职能部门加强对批量开卡以及短期内反复开卡、注销卡、补卡等高风险情形的有效管理；推动相关职能部门出台《电话卡办理程序规范指引》，明确低龄未成年人需在监护人在场并同意的情况下申请入网；对未成年人加强问询、反诈告知，加大异常卡复核力度；发放“出租出借出卖电话卡风险提示函”，将法治教育列入学校就业指导规划等，保障未成年人用网环境健康安全。

（四）李某某帮助信息网络犯罪活动案（检例第203号）

自2015年《刑法修正案（九）》新增帮助信息网络犯罪活动罪以来，特别是2020年国务院在全国范围内部署开展“断卡”行动以来，未成年人涉帮助信息网络犯罪活动罪案件数量逐年上升。帮助信息网络犯罪活动罪目前已成为涉未成年人最突出的网络犯罪之一，亟须通过指导性案例进一步明确办理该类案件需要把握的刑事政策。

检例第203号李某某帮助信息网络犯罪活动案明确，检察机关办理未成年人帮助他人利用网络实施犯罪的案件，应坚持主客观相一致原则，重点审查行为人主观方面对上游犯罪是否明知，客观方面是否提供了帮助行为。办理该类案件，既不能简单套用成年人犯罪案件的认定标准，也不宜笼统以未成年人身心发育不成熟来出罪，而应当结合办案提炼、细化规则，以更加适应涉未成年人犯罪案件的特殊性。综合全案证据和社会调查情况，认为涉罪未成年人知道或者应当知道上游行为系犯罪活动，其行为具有帮助作用，可能共同造成危害结果的，应当认定其主观明知。未成年人客观上实施“供卡”等帮助支付结算行为，符合帮助信息网络犯罪活动罪客观要件的，应按照主客观相一致原则，认定构成帮助信息网络犯罪活动罪。但如果经审查全案证据，认定未成年犯罪嫌疑人对上游行为是否系犯罪活动，以及犯罪的危害程度缺乏明确认知的，即使在客观上对信息网络犯罪活动起到了帮助作用并因此获利，也不宜认定构成该罪。

对未成年人使用本人银行卡实施的帮助他人利用网络犯罪的行为，应当落实宽严相济刑事政策，坚持“教育、感化、挽救”方针，依法准确适用起诉、不起诉、附条件不起诉制度。对于积极主动参与犯罪、犯罪情节严重的涉案未成年人，应依法提起公诉。对于被利诱参与犯罪、参与时间较短、违法所得及涉案金额较少，情节显著轻微危害不大的涉案未成年人，可以根据《刑法》第 13 条的规定，对其不认定为犯罪。对于犯罪情节轻微，依照刑法规定不需要判处刑罚或者免除刑罚的涉案未成年人，应当作出不起诉决定。对于犯罪情节较轻，符合附条件不起诉条件的涉案未成年人，可以依法适用附条件不起诉制度。该案中，犯罪嫌疑人主观上明知他人利用信息网络实施犯罪，客观上实施了使用本人银行卡代为转账的帮助支付结算行为。但其提供本人银行卡的行为与“批量出租他人银行卡”相比，情节较轻，社会危害性较小；系受引诱参与犯罪，参与时间较短，犯罪后自首且自愿认罪认罚，具有悔罪表现，主观恶性不大；系初犯、偶犯，社会调查表明其具有较大的教育矫治空间。为落实“教育、感化、挽救”方针，在听取公安机关意见后，检察机关依法对其决定附条件不起诉。

该案例还明确指出，检察机关办理未成年人帮助信息网络犯罪活动案，发现银行账户监督、管理、使用存在漏洞的，应当依法开展调查核实，以检察建议的方式督促金融监管机构、商业银行完善制度机制，推动形成办卡审核和风险评估相结合、分类管理和异常预警相结合的未成年人银行卡管理模式，努力实现对未成年人参与电信网络犯罪的溯源治理。

（五）禁止向未成年人租售网络游戏账号检察监督案（检例第204号）

检察机关办案发现，在未成年人涉罪案件和被害案件中，未成年被害人或者其他未成年人也存在需要干预的不良行为、被害风险等问题。因此，检例第204号禁止向未成年人租售网络游戏账号检察监督案明确，应坚持被害修复与不良行为干预并重。对未成年人因沉迷网络而遭受侵害的案件，检察机关在依法惩治利用网络实施的侵害未成年人犯罪的同时，应当通过积极追赃挽损、促成赔礼道歉、提供法律援助、落实心理疏导等方式，最大限度减少犯罪对未成年人造成的不利影响。同时，检察机关还应当根据《预防未成年人犯罪法》的相关规定，督促家庭、学校、社会联动对未成年被害人沉迷网络的不良行为进行干预，积极与学校、街道未成年人保护工作站组建协作干预小组，通过精准的管理教育措施引导未成年人安全合理地使用网络。发现未成年被害人的监护人怠于履行职责的，可以通过制发督促监护令、开展家庭教育指导等方式，充分发挥家庭监护在未成年人网络保护中的作用。

2020年修订后的《未成年人保护法》增设“网络保护”专章，其中第75条明确网络游戏服务提供者不得在每日22时至次日8时向未成年人提供网络游戏服务，第76条明确网络直播服务提供者不得为未满16周岁的未成年人提供网络直播发布者账号注册服务等特别管理措施。《未成年人网络保护条例》进一步规定网络产品和服务提供者不得为未成年人提供游戏账号租售服务。但检察机关办案发现，数量巨大的网络产品和服务提供者往往分散在不同网络平台，增加了监管难度，应当注重压实网络平台的管理责任。《网络安全法》强调网络运营者承担建立安全管理制度，违法信息处置、报告义务等一系列互联网平台的管理责任。《电子商务法》明确要求平台经营者对平台内经营者的违法行为采取必要处置措施和报告义务等。该案例明确，检察机关在办理涉未成年人网络刑事案件时，发现互联网平台上的经营者向未成年人提供网络游戏账号租售服务、互联网平台未予以审核监管，给未成年人规避游戏监管提供便利，有造成不特定未成年人沉迷网络、侵害未成年人网络公共利益的风险，检察机关应通过制发检察建议、开展行政公益诉讼等方式，督促相关行政部门依法履行监管职责，推进互联网平台加强管理和机制建设。

在办理刑事案件、开展行政公益诉讼等工作基础上，检察机关还应当加强与未成年人网络保护行政监管部门配合协作，畅通信息共享渠道、建立共治机制，提升未成年人网络侵害源头预防实效。如该案中，上海市检察院结合本地实际，梳理全市未成年人网络保护案件办理情况，与上海市网络安全和信息化委员会办公室、上海市文化和旅游局执法总队建立了未成年人网络保护联动工作机制，共同发布了《未成年人网络保护风险识别清单》《上海市侵害未成年人身心健康的网络信息执法指南》，推动完善法律监督与行政监管衔接机制，为未成年人构建健康清朗的网络环境。

三、进一步深化未成年人网络司法保护的路径

各级检察机关未成年人检察部门应全面贯彻习近平法治思想，认真落实《未成年人网络保护条例》，以第五十批指导性案例的适用为抓手，通过高质效司法办案依法能动履职，深度融入未成年人网络保护，持续推动净化网络环境，助推未成年人网络保护社会治理现代化。

（一）高质效办好每一个涉未成年人网络犯罪案件

一是依法严厉惩治利用网络侵害未成年人权益犯罪。以“零容忍”的态度，突出整治胁迫、教唆、引诱、欺骗未成年人参与电信网络诈骗、帮助信息网络犯罪活动等犯罪。持续从严整治利用网络隔空猥亵未成年人、线上联系线下侵害未成年人、搭建运营涉未成

年人色情网站等犯罪活动。二是对涉嫌网络犯罪的未成年人，坚持依法惩戒和精准帮教相结合，准确甄别未成年人在网络犯罪中的地位、作用，采取更有针对性的处置措施。对于情节严重的犯罪，坚决依法惩治，让涉罪未成年人和有关责任主体充分感受法治威严。三是严格执行未成年人刑事案件特别程序，落实“教育为主、惩罚为辅”原则和“教育、感化、挽救”方针，充分运用附条件不起诉等未成年人案件特殊制度，以提升未成年人网络安全基本素养预防再犯为重点做实精准帮教，最大限度教育矫治涉网络犯罪的罪错未成年人。四是严格落实未成年人保护法关于网络保护的要求，针对未成年人沉迷网络、不良信息侵害、个人信息泄露、有害短视频等危害未成年人健康成长等问题，通过公益诉讼、检察建议等方式，推动压实网络平台的信息安全管理、数据安全保护义务和社会责任，深化涉未成年人网络违法犯罪诉源治理，合力筑牢未成年人网络安全“防火墙”。

（二）强化网络领域涉案未成年人综合司法保护

一是注重依托办理未成年人网络犯罪案件和利用网络侵害未成年人刑事案件，发现侵害未成年人合法权益的民事、行政、公益诉讼案件线索，完善内部线索移送机制，综合运用刑事惩治、公益诉讼、检察建议、监护监督、支持起诉、司法救助等多种方式，统筹发挥刑事检察、民事检察、行政检察、公益诉讼检察职能，达到综合保护未成年人合法权益的更好效果。二是对受到网络犯罪侵害的未成年人，强化精准保护，及时开展综合救助，尽力消除网络侵害行为的不良影响和预防再次被网络侵害的风险。三是针对监护人监护不足的问题，依法开展督促监护和家庭教育指导，提升未成年人监护人的网络安全监护意识和能力。四是按照“一号检察建议”要求，支持学校建立预防网络性侵害、性骚扰工作制度，积极落实“谁执法谁普法”，针对未成年人网络风险认知不足、易受侵害的问题，精准开展法治教育，普及辨别、防范、应对网络侵害的知识，增强普法教育的针对性和实效性。五是推动建立涉未成年人网络侵害线索移送机制，以检察综合履职积极助推家庭、学校、社会协同发力，为未成年人营造健康安全的网络环境，提升未成年人综合保护质效。

（三）坚持数字赋能涉未成年人网络违法犯罪案件办理

强化数字检察战略，加强数字未检和大数据分析，持续聚焦利用网络性侵未成年人、网络诈骗、侵犯未成年人个人信息、异常办理电话银行“两卡”、网络巨额打赏等问题，设计研发大数据法律监督模型，在做好数据安全管理的基础上，对办案数据进行碰撞比对和综合研判运用，为全面提升办案质效和加大保护力度赋能，不断提升涉未成年人网络违法犯罪治理工作的信息化、智能化水平。

规范性文件

最高人民检察院、公安部关于印发《人民检察院　公安机关羁押必要性审查、评估工作规定》的通知

高检发〔2023〕12号

各省、自治区、直辖市人民检察院、公安厅（局），新疆生产建设兵团人民检察院、公安局：

为全面贯彻习近平法治思想，深入学习贯彻党的二十大精神，进一步加强对犯罪嫌疑人、被告人被逮捕后羁押必要性的审查、评估工作，规范羁押强制措施适用，依法保障犯罪嫌疑人、被告人合法权益，最高人民检察院、公安部共同制定了《人民检察院　公安机关羁押必要性审查、评估工作规定》，现予印发，请结合实际贯彻执行。

最高人民检察院

公安部

2023年11月30日

人民检察院　公安机关
羁押必要性审查、评估工作规定

为加强对犯罪嫌疑人、被告人被逮捕后羁押必要性的审查、评估工作，规范羁押强制措施适用，依法保障犯罪嫌疑人、被告人合法权益，保障刑事诉讼活动顺利进行，根据《中华人民共和国刑事诉讼法》《人民检察院刑事诉讼规则》《公安机关办理刑事案件程序规定》等，制定本规定。

第一条　犯罪嫌疑人、被告人被逮捕后，人民检察院应当依法对羁押的必要性进行审查。不需要继续羁押的，应当建议公安机关、人民法院予以释放或者变更强制措施。对于审查起诉阶段的案件，应当及时决定释放或者变更强制措施。

公安机关在移送审查起诉前，发现采取逮捕措施不当或者犯罪嫌疑人及其法定代理人、近亲属或者辩护人、值班律师申请变更羁押强制措施的，应当对羁押的必要性进行评估。不需要继续羁押的，应当及时决定释放或者变更强制措施。

第二条　人民检察院、公安机关开展羁押必要性审查、评估工作，应当分工负责、互相配合、互相制约，以保证准确有效地执行法律。

第三条　人民检察院、公安机关应当依法、及时、规范开展羁押必要性审查、评估工作，全面贯彻宽严相济刑事政策，准确把握羁押措施适用条件，严格保守办案秘密和国家秘密、商业秘密、个人隐私。

羁押必要性审查、评估工作不得影响刑事诉讼依法进行。

第四条　人民检察院依法开展羁押必要性审查，由捕诉部门负责。负责刑事执行检察、控告申诉检察、案件管理、检察技术的部

门应当予以配合。

公安机关对羁押的必要性进行评估，由办案部门负责，法制部门统一审核。

犯罪嫌疑人、被告人在异地羁押的，羁押地人民检察院、公安机关应当予以配合。

第五条 人民检察院、公安机关应当充分保障犯罪嫌疑人、被告人的诉讼权利，保障被害人合法权益。

公安机关执行逮捕决定时，应当告知被逮捕人有权向办案机关申请变更强制措施，有权向人民检察院申请羁押必要性审查。

第六条 人民检察院在刑事诉讼过程中可以对被逮捕的犯罪嫌疑人、被告人依职权主动进行羁押必要性审查。

人民检察院对审查起诉阶段未经羁押必要性审查、可能判处三年有期徒刑以下刑罚的在押犯罪嫌疑人，在提起公诉前应当依职权开展一次羁押必要性审查。

公安机关根据案件侦查情况，可以对被逮捕的犯罪嫌疑人继续采取羁押强制措施是否适当进行评估。

第七条 人民检察院、公安机关发现犯罪嫌疑人、被告人可能存在下列情形之一的，应当立即开展羁押必要性审查、评估并及时作出审查、评估决定：

（一）因患有严重疾病、生活不能自理等原因不适宜继续羁押的；

（二）怀孕或者正在哺乳自己婴儿的妇女；

（三）系未成年人的唯一抚养人；

（四）系生活不能自理的人的唯一扶养人；

（五）继续羁押犯罪嫌疑人、被告人，羁押期限将超过依法可能判处的刑期的；

（六）案件事实、情节或者法律、司法解释发生变化，可能导致犯罪嫌疑人、被告人被判处拘役、管制、独立适用附加刑、免予刑事处罚或者判决无罪的；

（七）案件证据发生重大变化，可能导致没有证据证明有犯罪事实或者犯罪行为系犯罪嫌疑人、被告人所为的；

（八）存在其他对犯罪嫌疑人、被告人采取羁押强制措施不当情形，应当及时撤销或者变更的。

未成年犯罪嫌疑人、被告人被逮捕后，人民检察院、公安机关应当做好跟踪帮教、感化挽救工作，发现对未成年在押人员不予羁押不致发生社会危险性的，应当及时启动羁押必要性审查、评估工作，依法作出释放或者变更决定。

第八条　犯罪嫌疑人、被告人及其法定代理人、近亲属或者辩护人、值班律师可以向人民检察院申请开展羁押必要性审查。申请人提出申请时，应当说明不需要继续羁押的理由，有相关证据或者其他材料的，应当予以提供。

申请人依据刑事诉讼法第九十七条规定，向人民检察院、公安机关提出变更羁押强制措施申请的，人民检察院、公安机关应当按照本规定对羁押的必要性进行审查、评估。

第九条　经人民检察院、公安机关依法审查、评估后认为有继续羁押的必要，不予释放或者变更的，犯罪嫌疑人、被告人及其法定代理人、近亲属或者辩护人、值班律师未提供新的证明材料或者没有新的理由而再次申请的，人民检察院、公安机关可以不再开展羁押必要性审查、评估工作，并告知申请人。

经依法批准延长侦查羁押期限、重新计算侦查羁押期限、退回补充侦查重新计算审查起诉期限，导致在押人员被羁押期限延长的，变更申请不受前款限制。

第十条　办案机关对应的同级人民检察院负责控告申诉或者案件管理的部门收到羁押必要性审查申请的，应当在当日将相关申请、线索和证据材料移送本院负责捕诉的部门。负责刑事执行检察的部门收到有关材料或者发现不需要继续羁押的，应当及时将有关材料和意见移送负责捕诉的部门。

负责案件办理的公安机关的其他相关部门收到变更申请的，应当在当日移送办案部门。

其他人民检察院、公安机关收到申请的，应当告知申请人向负责案件办理的人民检察院、公安机关提出申请，或者在二日以内将申请材料移送负责案件办理的人民检察院、公安机关，并告知申请人。

第十一条 看守所在工作中发现在押人员不适宜继续羁押的，应当及时提请办案机关依法变更强制措施。

看守所建议人民检察院开展羁押必要性审查的，应当以书面形式提出，并附证明在押人员身体状况的证据材料。

人民检察院收到看守所建议后，应当立即开展羁押必要性审查，依法及时作出审查决定。

第十二条 开展羁押必要性审查、评估工作，应当全面审查、评估犯罪嫌疑人、被告人涉嫌犯罪事实、主观恶性、悔罪表现、案件进展情况、可能判处的刑罚、身体状况、有无社会危险性和继续羁押必要等因素，具体包括以下内容：

（一）犯罪嫌疑人、被告人基本情况，涉嫌罪名、犯罪性质、情节，可能判处的刑罚；

（二）案件所处诉讼阶段，侦查取证进展情况，犯罪事实是否基本查清，证据是否收集固定，犯罪嫌疑人、被告人认罪情况，供述是否稳定；

（三）犯罪嫌疑人、被告人是否有前科劣迹、累犯等从严处理情节；

（四）犯罪嫌疑人、被告人到案方式，是否被通缉到案，或者是否因违反取保候审、监视居住规定而被逮捕；

（五）是否有不在案的共犯，是否存在串供可能；

（六）犯罪嫌疑人、被告人是否有认罪认罚、自首、坦白、立功、积极退赃、获得谅解、与被害方达成和解协议、积极履行赔偿义务或者提供担保等从宽处理情节；

（七）犯罪嫌疑人、被告人身体健康状况；

（八）犯罪嫌疑人、被告人在押期间的表现情况；

（九）犯罪嫌疑人、被告人是否具备采取取保候审、监视居住措施的条件；

（十）对犯罪嫌疑人、被告人的羁押是否符合法律规定，是否即将超过依法可能判处的刑期；

（十一）犯罪嫌疑人、被告人是否存在可能作撤销案件、不起诉处理、被判处拘役、管制、独立适用附加刑、宣告缓刑、免予刑事处罚或者判决无罪的情形；

（十二）与羁押必要性审查、评估有关的其他内容。

犯罪嫌疑人、被告人系未成年人的，应当重点审查其成长经历、犯罪原因以及有无监护或者社会帮教条件。

第十三条 开展羁押必要性审查、评估工作，可以采取以下方式：

（一）审查犯罪嫌疑人、被告人不需要继续羁押的理由和证明材料；

（二）听取犯罪嫌疑人、被告人及其法定代理人、近亲属或者辩护人、值班律师意见；

（三）听取被害人及其法定代理人、诉讼代理人、近亲属或者其他有关人员的意见，了解和解、谅解、赔偿情况；

（四）听取公安机关、人民法院意见，必要时查阅、复制原案卷宗中有关证据材料；

（五）调查核实犯罪嫌疑人、被告人身体健康状况；

（六）向看守所调取有关犯罪嫌疑人、被告人羁押期间表现的材料；

（七）进行羁押必要性审查、评估需要采取的其他方式。

听取意见情况应当制作笔录，与书面意见、调查核实获取的其他证据材料等一并附卷。

第十四条 审查、评估犯罪嫌疑人、被告人是否有继续羁押的必要性，可以采取自行或者委托社会调查、开展量化评估等方式，调查评估情况作为作出审查、评估决定的参考。

犯罪嫌疑人、被告人是未成年人的，经本人及其法定代理人同意，可以对未成年犯罪嫌疑人、被告人进行心理测评。

公安机关应当主动或者按照人民检察院要求收集、固定犯罪嫌疑人、被告人是否具有社会危险性的证据。

第十五条 人民检察院开展羁押必要性审查，可以按照《人民检察院羁押听证办法》组织听证。

第十六条 人民检察院审查后发现犯罪嫌疑人、被告人具有下列情形之一的，应当向公安机关、人民法院提出释放或者变更强制措施建议；审查起诉阶段的，应当及时决定释放或者变更强制措施。

（一）案件证据发生重大变化，没有证据证明有犯罪事实或者犯罪行为系犯罪嫌疑人、被告人所为的；

（二）案件事实、情节或者法律、司法解释发生变化，犯罪嫌疑人、被告人可能被判处拘役、管制、独立适用附加刑、免予刑事处罚或者判决无罪的；

（三）继续羁押犯罪嫌疑人、被告人，羁押期限将超过依法可能判处的刑期的；

（四）案件事实基本查清，证据已经收集固定，符合取保候审或者监视居住条件的；

（五）其他对犯罪嫌疑人、被告人采取羁押强制措施不当，应当及时释放或者变更的。

公安机关评估后发现符合上述情形的，应当及时决定释放或者变更强制措施。

第十七条 人民检察院审查后发现犯罪嫌疑人、被告人具有下列情形之一的，且具有悔罪表现，不予羁押不致发生社会危险性的，可以向公安机关、人民法院提出释放或者变更强制措施建议；审查起诉阶段的，可以决定释放或者变更强制措施。

（一）预备犯或者中止犯；

（二）主观恶性较小的初犯；

（三）共同犯罪中的从犯或者胁从犯；

（四）过失犯罪的；

（五）防卫过当或者避险过当的；

（六）认罪认罚的；

（七）与被害方依法自愿达成和解协议或者获得被害方谅解的；

（八）已经或者部分履行赔偿义务或者提供担保的；

（九）患有严重疾病、生活不能自理的；

（十）怀孕或者正在哺乳自己婴儿的妇女；

（十一）系未成年人或者已满七十五周岁的人；

（十二）系未成年人的唯一抚养人；

（十三）系生活不能自理的人的唯一扶养人；

（十四）可能被判处一年以下有期徒刑的；

（十五）可能被宣告缓刑的；

（十六）其他不予羁押不致发生社会危险性的情形。

公安机关评估后发现符合上述情形的，可以决定释放或者变更强制措施。

第十八条 经审查、评估，发现犯罪嫌疑人、被告人具有下列情形之一的，一般不予释放或者变更强制措施：

（一）涉嫌危害国家安全犯罪、恐怖活动犯罪、黑社会性质组织犯罪、重大毒品犯罪或者其他严重危害社会的犯罪；

（二）涉嫌故意杀人、故意伤害致人重伤或死亡、强奸、抢劫、绑架、放火、爆炸、投放危险物质等严重侵犯公民人身财产权利、危害公共安全的严重暴力犯罪；

（三）涉嫌性侵未成年人的犯罪；

（四）涉嫌重大贪污、贿赂犯罪，或者利用职权实施的严重侵犯公民人身权利的犯罪；

（五）可能判处十年有期徒刑以上刑罚的；

（六）因违反取保候审、监视居住规定而被逮捕的；

（七）可能毁灭、伪造证据，干扰证人作证或者串供的；

（八）可能对被害人、举报人、控告人实施打击报复的；

（九）企图自杀或者逃跑的；

（十）其他社会危险性较大，不宜释放或者变更强制措施的。

犯罪嫌疑人、被告人具有前款规定情形之一，但因患有严重疾病或者具有其他不适宜继续羁押的特殊情形，不予羁押不致发生社会危险性的，可以依法变更强制措施为监视居住、取保候审。

第十九条 人民检察院在侦查阶段、审判阶段收到羁押必要性审查申请或者建议的，应当在十日以内决定是否向公安机关、人民法院提出释放或者变更的建议。

人民检察院在审查起诉阶段、公安机关在侦查阶段收到变更申请的，应当在三日以内作出决定。

审查过程中涉及病情鉴定等专业知识，需要委托鉴定，指派、聘请有专门知识的人就案件的专门性问题出具报告，或者委托技术部门进行技术性证据审查，以及组织开展听证审查的期间，不计入羁押必要性审查期限。

第二十条 人民检察院开展羁押必要性审查，应当规范制作羁押必要性审查报告，写明犯罪嫌疑人、被告人基本情况、诉讼阶段、简要案情、审查情况和审查意见，并在检察业务应用系统相关捕诉案件中准确填录相关信息。

审查起诉阶段，人民检察院依职权启动羁押必要性审查后认为有继续羁押必要的，可以在审查起诉案件审查报告中载明羁押必要性审查相关内容，不再单独制作羁押必要性审查报告。

公安机关开展羁押必要性评估，应当由办案部门制作羁押必要性评估报告，提出是否具有羁押必要性的意见，送法制部门审核。

第二十一条 人民检察院经审查认为需要对犯罪嫌疑人、被告人予以释放或者变更强制措施的，在侦查和审判阶段，应当规范制作羁押必要性审查建议书，说明不需要继续羁押犯罪嫌疑人、被告人的理由和法律依据，及时送达公安机关或者人民法院。在审查起诉阶段的，应当制作决定释放通知书、取保候审决定书或者监视居住决定书，交由公安机关执行。

侦查阶段，公安机关认为需要对犯罪嫌疑人释放或者变更强制措施的，应当制作释放通知书、取保候审决定书或者监视居住决定书，同时将处理情况通知原批准逮捕的人民检察院。

第二十二条 人民检察院向公安机关、人民法院发出羁押必要性审查建议书后，应当跟踪公安机关、人民法院处理情况。

公安机关、人民法院应当在收到建议书十日以内将处理情况通知人民检察院。认为需要继续羁押的，应当说明理由。

公安机关、人民法院未在十日以内将处理情况通知人民检察院的，人民检察院应当依法提出监督纠正意见。

第二十三条 对于依申请或者看守所建议开展羁押必要性审查的，人民检察院办结后，应当制作羁押必要性审查结果通知书，将提出建议情况和公安机关、人民法院处理情况，或者有继续羁押必要的审查意见和理由及时书面告知申请人或者看守所。

公安机关依申请对继续羁押的必要性进行评估后，认为有继续羁押的必要，不同意变更强制措施的，应当书面告知申请人并说明理由。

第二十四条 经审查、评估后犯罪嫌疑人、被告人被变更强制措施的，公安机关应当加强对变更后被取保候审、监视居住人的监督管理；人民检察院应当加强对取保候审、监视居住执行情况的监督。

侦查阶段发现犯罪嫌疑人严重违反取保候审、监视居住规定，需要予以逮捕的，公安机关应当依照法定程序重新提请批准逮捕，人民检察院应当依法作出批准逮捕的决定。审查起诉阶段发现的，人民检察院应当依法决定逮捕。审判阶段发现的，人民检察院应当向人民法院提出决定逮捕的建议。

第二十五条 人民检察院直接受理侦查案件的羁押必要性审查参照本规定。

第二十六条 公安机关提请人民检察院审查批准延长侦查羁押期限，应当对继续羁押的必要性进行评估并作出说明。

人民检察院办理提请批准延长侦查羁押期限、重新计算侦查羁押期限备案审查案件，应当依法加强对犯罪嫌疑人羁押必要性的审查。

第二十七条 本规定自发布之日起施行。原《人民检察院办理羁押必要性审查案件规定（试行）》同时废止。

《未成年人检察》投稿要求

一、稿件内容要符合国家政策精神和意识形态要求，符合司法改革方向，具有时效性。

二、稿件内容要遵守学术规范，尊重他人的著作权，严禁抄袭、剽窃等侵犯著作权行为，具有原创性。

三、投稿篇幅一般不超过8000字，重要稿件一般不超过2万字，稿件内容不涉密。

四、稿件中应包含以下项目：

1. 标题。标题不超过20个字，可分主副标题。

2. 作者署名。作者姓名后加 * 号，作者简介以脚注形式放首页末。依次标明作者姓名、工作单位、职务职称、联系电话、通信地址、邮政编码等。若为基金项目或课题成果，还应标明项目或课题批准的年度、名称及批准号。

3. 正文。文内各级标题应简短（不超过20个字）、明确，正文内标题层级一般采用“一”、“（一）”、“1.”、“（1）”的形式。涉及法律加书名号。

4. 注释。文中引用数据和他人观点必须注明出处，采用脚注形式。引用的专著应依次标明作者、书名、出版社、出版年、页码，如周鲠生：《国际法》（上册），商务印书馆1976年版，第294～298页；期刊文章应依次标明作者、文章名、刊名、年、期，如王家福、刘海年、李步云：《论法制改革》，载《法学研究》1989年第2期；报纸文章应依次标明作者、文章名、报纸名、年、月、日、版，如王启东：《法制与法治》，载《法制日报》1989年3月2日，第2版。

五、投稿请采用 word 或 wps 文档格式，以附件形式发送，如有图片请单独发送，勿粘贴在文档格式中。稿件电子版邮件发送主题和附件文档名均请标明单位名（院名用简称，县和县级市还应标明所属地级市名称）、第一作者名、标题名、发送日期，作者联系方式。文章内文首页左上角请标明拟投栏目。修改后稿件标题和发送主题务必标注新的发送日期，与原稿件以示区别。

投稿邮箱（内网）：jct9_ba4@gj. pro

（外网）：116077087@qq. com

2024 年《未成年人检察》征订单

《未成年人检察》是由最高人民检察院第九检察厅主办的连续性业务指导用书，主要包括政策指导类、业务研讨类、专题类等内容。政策指导类含特稿、大检察官专论、权威解读等栏目；业务研讨类含理论前沿、工作研究、业务论坛、典型案例、调研报告等栏目；专题类含域外法制等栏目。

《未成年人检察》自 2016 年创刊以来，受到全国检察系统未成年人检察部门工作人员和社会各界未成年人工作者及专家学者的广泛关注和好评。2024 年《未成年人检察》拟出版四期，总价 240.00 元，面向全国公开发行。

此外，为推动检察官担任法治副校长和“法治进校园”工作，进一步提高检察机关未成年人法治宣传教育工作的质量和效果，我们将相关工作用书一并整理，欢迎各级人民检察院和相关部门订阅。

附件：1. 2024 年《未成年人检察》传真回执单

2. 订购方式

中国检察出版社

2023 年 11 月

附件 1

2024 年《未成年人检察》传真回执单

（复印有效）

<table>
<tr><td>订购单位名称</td><td></td><td>收书人</td><td colspan="2"></td></tr>
<tr><td>地　址</td><td></td><td>电　话</td><td colspan="2"></td></tr>
<tr><td>单位统一信用代码</td><td colspan="4"></td></tr>
<tr><td>电子发票接收邮箱</td><td colspan="4"></td></tr>
<tr><td>代码</td><td>书名</td><td>定价（元）</td><td>订数</td><td>金额</td></tr>
<tr><td>W2024</td><td>未成年人检察（2024 年 1 -4 期）</td><td>240.00</td><td></td><td></td></tr>
<tr><td colspan="5">未检系列相关最新图书</td></tr>
<tr><td>A42048</td><td>未成年人保护法律全书</td><td>198.00</td><td></td><td></td></tr>
<tr><td>A43052</td><td>法话西游（四）</td><td>20.00</td><td></td><td></td></tr>
<tr><td>A43053</td><td>漫游未成年人保护法</td><td>18.00</td><td></td><td></td></tr>
<tr><td>A43054</td><td>六大保护只为你</td><td>20.00</td><td></td><td></td></tr>
<tr><td>A43055</td><td>莫让“网事”不堪回首 3</td><td>20.00</td><td></td><td></td></tr>
<tr><td>A43056</td><td>中小学生欺凌防治指导手册</td><td>18.00</td><td></td><td></td></tr>
<tr><td colspan="3">合　计</td><td></td><td></td></tr>
<tr><td colspan="2">合计金额</td><td colspan="3">万　仟　佰　拾　元整</td></tr>
<tr><td colspan="5">备注：款到三个工作日左右，发票发送至您的邮箱！</td></tr>
</table>

附件 2

订购方式

第一种：网站订购（www. zgjccbs. com）（不用发传真、款到开票）

1. 网站下单，直接在线支付（微信、支付宝）

2. 网站下单，银行汇款需备注订单编号后 6 位数字

网站订购负责人：张惠 010－86423745 、18101137669

技术咨询 010－86423763

第二种：微信订购（仅支持微信在线支付）

1. 使用微信扫描右侧二维码可直接在线订购

2. 了解最新书讯请关注“中国检察出版社”微信公众号

第三种：传真订购

书款汇至出版社账号后，请传真订书回执单至 010－68659465

中国检察出版社账户信息

户　名：中国检察出版社有限公司　　**账　号：**11050164860000000056

开户行：建设银行北京西山枫林支行　**行　号：**105100050751

中国检察出版社各省订购负责人：

盛　丹 010－86423727　18101137660（微信同号）传真 010－68659465

北京、天津、山西、陕西、河北、黑龙江、吉林、辽宁、内蒙古、青海、山东

董艳芬 010－86423726 18101137661（微信同号）传真 010－68659465

河南、浙江、江苏、安徽、上海、福建、甘肃、江西、新疆、西藏

薛建娜 010－86423728　18101137662（微信同号）传真：010－68636539

广东、广西、海南、重庆、四川、云南、贵州、湖北、湖南、宁夏